Cris Souza

...

A Estratégia da Fênix!

O renascer de uma vida desenganada.

Porto Alegre

2020

A Estratégia da Fênix – O renascer de uma vida desenganada

Edição: Cris Souza

Identidade Visual e diagramação: Cris Souza

Foto de capa: Fabiano Raupp

Arte da capa: Fabiano Raupp

Contato: cris@fenixtraining.com.br

Cris Souza...

A Estratégia da Fênix – O renascer de uma vida desenganada

S729e Souza, Cris

A estratégia da Fênix: o renascer de uma vida desenganada / Cris Souza – Porto Alegre, 2016.

190 p. ; 14 x 21 cm.

ISBN 978-85-8434-052-1

1.Souza, Cris, 1981- . 2.Autobiografia. 3.Memória autobiográfica. 4.Mulheres – Rio Grande do Sul – Condições sociais. 5.Mãe e filho. 6.Resiliência (Traço da personalidade). I. Título.

CDU

929

CD

D 928.1

Catalogação na publicação:

Bibliotecária Carla Maria Goulart de Moraes – CRB 10/1252

Cris Souza...

AGRADECIMENTO!

Agradeço e dedico este livro ao **meu filho Juliano**, que é e sempre foi o Ser de luz que guia meus caminhos e me faz ser cada dia melhor e mais feliz, pois ele é exatamente tudo o que eu imaginei sobre o significado de um filho e muito mais do que pensei um dia merecer. **Traz a descoberta da felicidade, responsabilidade e amor.**

Agradeço a meus pais **Hélio e Eliani** por todos os erros e acertos nesta vida, muito mais acertos do que erros. E, principalmente, a permissão de vir a este mundo nesta família junto a meus irmãos **Paty, Hélio e Karine**.

Gratidão a minha **afilhada Camila** que me fez entender o amor de uma sobrinha que além de afilhada parece ser também filha, senti muitas saudades em estar longe por muito tempo e foste outra inspiração para eu querer crescer e te ter ao meu lado novamente. Nossa conexão é tanta que a vejo como parte de mim também.

Agradeço em especial a uma pessoa que não poderá ler este livro, mas foi quem que me ensinou a verdadeira razão de ser e fazer o bem, minha bisavó, dona **Noemia Maria da Silva**, quem tive a satisfação de ter ao meu lado durante 15 anos. Hoje trago na

4

Cris Souza...

memória cada sorriso, abraço e ensinamento que sigo recebendo dela por intuições, sonhos e presença divina como minha grande mentora.

Grata ao meu amor **Fabiano Raupp,** que me traz à realidade quando vago pela fantasia. Tem sido motivo de força que me faz encontrar um caminho que acalma a alma. Agradeço por me enxergar melhor do que eu sou, com a capacidade de me olhar devagar, já que nessa vida muita gente já me olhou depressa demais.

Agradeço e bato palmas para **Gorete Moraes e dona Tetê**, que se mostraram seres humanos ímpares na minha vida. Pessoas que agora fazem parte da minha família, exemplos de humanos raros e tão necessários para a humanidade "quase" perdida.

Agradeço o cuidado, carinho e amizade que **Jaqueline Dippe, Josiane Gaboardi e Ingrid Scheneider** tiveram comigo, no dia em que o sentimento foi maior que qualquer explicação. Elas estavam lá me guiando, auxiliando e até mesmo carregando no colo. Vocês fazem parte das pessoas as quais respeito, honro e admiro! Talvez sem nossas experiências, este livro não existiria.

Painho- **Edison Lima**, a gratidão é por sua existência neste universo e simplesmente por esta amizade incrível que temos! Foste meu

Cris Souza...

primeiro crítico neste livro e tuas palavras ao descrevê-lo, me encantaram e deram a certeza de que vale a pena.

Professor **Massaru Ogata,** amigo, treinador e mentor, tua confiança em quem sou, segue sendo sempre grande motivação. Só por isto, ou por tudo isto, eu agradeço!

Mestre **Eduardo Zempulski,** acredito não ser teoricamente o processo que faz a diferença, e sim o que você faz com a pessoa ao longo do processo que resulta na diferença. O que eu tinha? Muitas linhas em branco. O que eu tenho hoje? Mais do que linhas preenchidas, a conquista de mais um objetivo e muitos aprendizados nas entrelinhas. Agradeço à pergunta que me fez dar continuidade ao processo deste livro.

Agradeço ao universo e todas as energias que nos mantêm neste plano de aprendizado contínuo para a evolução plena.

Agradeço às atitudes que sempre tive, às pessoas que me rodeiam, as que passaram pela minha vida, as que estão e as que virão.

Agradeço aos erros e acertos que me trouxeram até aqui, nos meus 38 anos, onde percebo que amo e tenho orgulho pela pessoa que me tornei. Dinheiro vêm e vai e o que temos de mais importante na vida são as pessoas que estão aqui e agora. Um brinde a mim, que

Cris Souza...

acabo de realizar mais um sonho com este livro e um brinde a você, que disponibilizou seu tempo e atenção para me acompanhar ao longo destas linhas da vida.

Eu agradeço... Eu agradeço... Eu agradeço.

Cris Souza...

Sumário

Cris Souza...

Pequena aprendiz

...

Desde pequena já gostava de ser prestativa. Adorava ajudar as pessoas e sempre que íamos ao supermercado era uma festa. Eu achava o máximo ficar organizando as gôndolas, arrumando produtos, colocando os rótulos virados para a frente para que todos pudessem olhar o "rosto" das embalagens. Claro que na época não fazia ideia do que isto significava, são memórias de infância com mais ou menos oito a 10 anos de idade, eu arrumava na intenção de deixar "bonitinho". Gostava de ver os rótulos grandes e os mais coloridos. As cores mais vibrantes chamavam minha atenção. Não podia ver os produtos nos fundos da gôndola que logo organizava tudo na frente para ficar mais fácil para os clientes. Cuidava para etiquetas e produtos ficarem próximos e alinhava as placas promocionais. Hoje percebo que já era um sinal do que faria ao crescer, porque é exatamente o trabalho de um promotor de abastecimento.

Com o passar do tempo, fui conhecendo alguns trabalhos que meu pai realizava. Ele sempre foi um empreendedor e fazia ótimos negócios. Um deles foi uma tabacaria que ele havia comprado em um ponto "dito" ruim da cidade de Porto Alegre, em frente à Praça Anita Garibaldi, na Cidade Baixa. Todos falavam que ali nenhum negócio dava certo, mas o dele foi um sucesso e só fechou quando não tinha mais para onde crescer. Lembro de

Cris Souza...

participar de todo o processo. Antes de ele comprar era uma loja muito feia, com paredes brancas, sujas de umidade, pé direito alto, deixando o local frio e sombrio. Aos poucos meu pai foi dando vida àquelas paredes. Colocou madeira e um forro mais baixo, o que deixou o local harmonioso, totalmente diferente do que era antes. O mais legal foi que tinha sido meu pai a fazer tudo aquilo, montou desde as paredes até o balcão de vendas. Era tudo bem planejado. Ele fazia rabiscos das ideias no papel e depois dava vida a tudo. Sempre me encantei em ver este "dom" que ele tem até hoje de transformar as coisas ruins, em ótimos e lucrativos negócios. O nome da tabacaria que ele montou era PatCris Novidades.

Na PatCris, tinham realmente muitas novidades porque meus pais viajavam ao Uruguai para trazer produtos novos e diferentes para vender. Quando chegavam de viagem sempre tinham algo muito legal que sobrava para mim e minha irmã. Ali aprendi a vender, aprendi a atender um cliente no balcão, cobrar, dar troco etc. Ficava feliz quando os familiares e amigos elogiavam meu pai por ter nos ensinado a trabalhar, e mais feliz ainda porque várias pessoas falavam que eu era uma ótima comerciante, sabia vender muito bem e era esperta e ligeira nos negócios. Foi o meu primeiro trabalho, atrás de um balcão de tabacaria. Estudava pela manhã e à tarde ficava com meus pais trabalhando. Quando não tinham aula, eu e minha irmã íamos para a loja e ficávamos dormindo no estoque até acordar e trabalhar, o que era uma diversão para nós. Eu observava meu pai e fazia igual e sempre deu muito certo. Ali aprendi que a criatividade conta muito para os bons resultados. Meu pai fazia várias coisas para atrair as pessoas.

Uma delas eram os campeonatos de jogo de botão que lotavam a frente da tabacaria e divertiam os moradores. Eram

11

campeonatos organizados pelo meu pai mesmo, ele comprou as mesas de botão e começou a chamar o pessoal. Os campeonatos foram ganhando forma e tinham até medalhas para os campeões que subiam ao pódio e comemoravam comprando muitos refrigerantes, sorvetes e balas na tabacaria.

Obviamente não conta como trabalho, mas vou contar uma passagem interessante na minha vida que hoje faz sentido. Na fase de pré-adolescência eu e minha irmã ficávamos cuidando das filhas da vizinha em algumas tardes. Nós íamos para a casa delas, que eram mais novas. Chamam-se Camila e Bruna, filhas do Paulo e da Rejane. Eu adorava as brincadeiras com elas porque me divertia e me achava adulta. Ali aprendi também sobre responsabilidades e cuidados com outras pessoas. Uma das brincadeiras prediletas eram as aulinhas. Tínhamos um quadro negro, giz, apagador, mesas e cadeiras, uma verdadeira sala de aula na garagem de casa. Nestas brincadeiras eu sempre era a professora. Gostava e me fazia muito bem. Novamente eu levava a sério e me sentia uma verdadeira professora dando aula a suas alunas. Um dos resultados de que se fala até hoje foi que as apresentei e ensinei a escrita. Sabe que até hoje isto faz parte dos orgulhos que tenho da pessoa que me tornei. Fico feliz em saber que eu pude fazer algo para algumas pessoas nesta vida, mesmo que na época não tivesse noção de que isto seria tão importante para minha fase adulta. O sentido desta fase é explicado hoje, quando no resgate da minha essência, me tornei uma treinadora comportamental, ministrando cursos e treinamentos e como professora, convidada em algumas Universidades, quando realizo estas atividades sempre lembro dos tempos das aulas na garagem e do resultado positivo que trago nas lembranças. As aulas de brincadeiras se tornaram sérias e muito reais em minha evolução.

Cris Souza...

Nesta época eu também tinha um sonho bem comum entre as adolescentes. Sonhava em ser Paquita da Xuxa. Participava de concursos de beleza, desfiles e vídeos. Para a idade eu era bem alta e muito magra, assim fazia alguns desfiles e cheguei a ganhar vários prêmios em concursos de moda, rainha de banda na escola e o principal deles, o concurso do Planeta Xuxa no RS, onde consegui destaque e fui selecionada para participar de programas na TV Globo. Esta fase foi bem importante, pois me fez ter confiança, ao mesmo tempo em que me trouxe algumas decepções. Lembro que eram muitas meninas fazendo os testes e eu fui vencendo etapa por etapa. A cada etapa era um número bem menor de garotas e eu sempre conseguindo passar cada uma delas, com provas de vídeo, passarela, balanças, saúde, voz e dicção. Ao final das etapas uma emoção muito grande por ter sido escolhida junto a outras 10 meninas para ir ao Rio de Janeiro fazer figuração de TV na Rede Globo e poder participar das eliminatórias seguintes para a vaga de Paquita.

Chegando lá eu participei de algumas figurações, percebi que os atores são pessoas comuns e entendi como funcionavam os bastidores da TV. Achei tudo muito legal. As pessoas eram educadas, o trabalho parecia ótimo e já me sentia parte daquilo tudo. Chegou então a hora da escolha no Projac. Lá fui selecionada para ficar e trabalhar como figurante de TV com grande possibilidade de logo me tornar a Paquita que queria, pois, entre as 10 que foram, cinco se classificariam e eu estava entre elas. Porém veio a decepção. Eu teria que ficar morando no Rio junto a estas outras cinco meninas. A mãe de uma delas ficaria junto, mas eu era menor de idade e precisava da autorização dos meus pais para seguir com o trabalho e fechar contrato. Então, quando meus pais viram que a coisa ficou séria, entenderam que eu ficaria longe e acharam que não era

Cris Souza...

o melhor na época. Nem preciso dizer que não consegui a assinatura deles e perdi o contrato na rede Globo. Até hoje me pergunto o porquê de terem me deixado participar até lá se não permitiriam seguir em frente. Bem, minhas reflexões de adulta só confirmam que desde lá eles já não confiavam no meu sucesso, achavam que seria apenas mais uma brincadeirinha de adolescente e acabaram logo com tudo. Vou lhe dar uma dica com uma das frases mais verdadeiras que já li do nosso grande Willian Shakespeare em seu texto, "Um dia você aprende".

"...Nunca se deve dizer a uma criança que sonhos são bobagens... Poucas coisas são tão humilhantes e seria uma tragédia se ela acreditasse nisso."

Mas infelizmente no meu caso este trecho chegou tarde. Meus sonhos foram bobagens para meus pais e me senti humilhada, mas talvez esta tenha sido a minha grande chance, porque percebi que devia fazer algo por mim e não mais depender de outras pessoas para conquistar meus objetivos. Sempre tive este espírito de fazer dos problemas uma grande solução, percebendo o que de bom me traria, como um grande ensinamento para alguma coisa que deveria fazer e não tinha feito ainda. Foi assim, seguindo estes passos, que logo cedo veio a vontade de trabalhar fora e ter a minha independência financeira. Aos 15 anos, então, comecei a procurar trabalho. Meu pai assinava o jornal Zero Hora e eu prestava atenção nos dias de classificados: terças, quintas e domingos. Estes eram os dias em que eu revisava todos os anúncios de emprego e marcava os que eu acreditava que poderia conseguir.

A inocência da época não me deixava perceber que eu não tinha condições de realizar as atividades que marcava, mas mesmo assim eu ligava para os locais para pedir informações e me

Cris Souza...

candidatar às vagas, que eram sempre de cuidadora de idosos ou babá. Eu também prestava atenção às vagas para vendedora e panfletagem. A atenção maior era para as vagas de cuidadora de idosos, porque eu sou uma apaixonada por pessoas mais velhas. Elas têm muita experiência para contar e normalmente as pessoas não querem ouvir. O contrário de mim, que tenho muito respeito e carinho por estas pessoas. Este carinho vem principalmente do amor que tinha pela minha bisavó Noemia. Ela era uma senhora linda que fazia o bem para todos e eu tinha um respeito e admiração pela pessoa que ela era. Mas lembro também que logo ela adoeceu e precisava ter cuidados constantes. Porém, as pessoas pareciam e se sentiam na obrigação de ficar com ela, sempre empurrando para um e para outro cuidar. Pelo menos esta era a minha visão de adolescente na época, sem saber os reais problemas que cercavam a família quanto a este assunto. Percebia que as pessoas ficavam reclamando de ter que cuidar dela, dar banho ou coisa assim, e isto me incomodava.

Eu sabia que não conseguiria fazer estas coisas, mas o tempo que eu estava com ela tentava ser o melhor possível. Ficava muito feliz em ir visitá-la e sentia que ela gostava também. Apesar da caduquice, ela lembrou de mim até sua morte, que foi um dos momentos mais tristes da minha vida e talvez por este motivo eu quisesse tanto cuidar de idosos como profissão. Nesta época eu estudava na Escola de Aplicação da UFRGS em dois turnos. Pela manhã tinha as disciplinas normais da escola e à tarde realizava aulas de francês, espanhol, teatro, música e de educação física. Meus pais achavam um absurdo eu trabalhar e realmente não teria tempo de fazer isto com uma agenda já tumultuada na escola. Mas como eu já era teimosa e queria muito esta tal independência, segui procurando trabalho e comecei a pedir indicações sobre o que eu

15

poderia fazer conciliando com as aulas. Afinal, como adolescente, seria mais fácil eu conseguir trabalho com quem me conhece.

Um dia percebi que naquele ritmo e sem experiência nenhuma, não existia atividade a realizar enquanto estivesse estudando. Foi então que tomei uma decisão que mudou tudo. Conheci uma pessoa através da indicação do meu cunhado Gilvan. O nome dela é Cristiane Feldman. Ela me indicou para trabalhar como degustadora em supermercados. Fiz ficha na agência indicada e comecei a gostar da ideia de realizar esta atividade. Porém, as aulas ainda eram um incômodo neste sentido. Decidi por conta sair da escola, onde estava finalizando o ensino médio, e me inscrever no Universitário para finalizar o ensino médio à noite, no centro da cidade. Como previa que meus pais não deixariam, fiz tudo e depois avisei, até mesmo porque precisava da assinatura deles, que não gostaram da ideia, mas assinaram o que eu já tinha feito. Não tiveram muita opção.

O Universitário foi a minha primeira conta, meus primeiros boletos com meu nome. Parece mentira, mas aquilo me deixou muito feliz. Eu tinha então várias prestações para pagar, me senti compromissada. Agora precisava mais que nunca conseguir trabalho. Afinal, armei o circo todo e precisava fazer a apresentação. Agora era a hora. Foi então que consegui meu primeiro trabalho, temporário, mas era o primeiro trabalho, a primeira assinatura na carteira como degustadora de um produto pela agência Aptus. A degustação era para a empresa Excelsior, que lançava uma mortadela light. O trabalho foi realizado no supermercado Nacional da avenida José de Alencar e lá eu consegui muitas outras indicações para novos trabalhos temporários e fiz amizades. Quando acabava um trabalho já tinha outro em vista para outra empresa. Trabalhava o dia todo, de segunda a sábado, e estudava à noite. Isto com dezesseis anos de idade. Encantei-me pelos trabalhos e percebi que eu podia crescer no ramo de promoções.

Após me formar no ensino médio ficou mais fácil ainda conseguir trabalhos melhores, que exigiam esta formação e então comecei a me dedicar mais. Agora percebia a importância de cursos profissionalizantes e de aperfeiçoamento e já prestava atenção no modo como os profissionais efetivos agiam. Assim, comecei a metamodelar as ações destes, percebendo a importância de cada ação e como eu poderia realizá-las. A minha comunicação fez muita diferença. Sempre fui comunicativa e cuidadosa com as pessoas e isto garantiu meu desenvolvimento dentro da agência, onde consegui a confiança das pessoas que me passavam os melhores serviços.

Cris Souza...

1ª efetivação

...

Os trabalhos temporários eram ótimos, porém não eram garantidos. Eu sempre conseguia um trabalho após o outro, mas nunca sabia quanto ganharia, procurava estabilidade e reconhecimento dentro de uma empresa onde pudesse expor minhas ideias, brigar por um produto e crescer como profissional. Foi então que, realizando um trabalho sazonal de Natal pela empresa Arcor – Chocolates, no Makro Atacado de Porto Alegre, consegui me destacar e fui contratada como demonstradora-impulsionadora de panetones. Além de realizar meu trabalho, após atingir a meta e ao final do expediente eu ajudava a organizar as gôndolas, estoque e sempre cuidava para conseguir um lugar de melhor destaque. O produto não era o primeiro em vendas e nem a empresa "comprava o melhor espaço" no mercado. Porém, com a boa comunicação e trabalho, me posicionei na frente destas empresas de grandes nomes e já realizava vendas expressivas.

Com um perfil observador e crítico, consegui visualizar uma grande área inutilizada atrás das gôndolas. Esta área tinha uma parede de vidro para a rua, bem em frente ao mercado, na principal área do estacionamento e próximo à entrada. Além de perceber que a vista da rua neste acesso era muito feia, observei as vantagens e visualização que teria em expor os produtos ali nesta grande vitrine. Fui até o gerente da loja e pedi que me liberasse o espaço para fazer um trabalho diferenciado com a marca. O espaço foi liberado, mas somente poderia mexer quando a loja estivesse fechada. Convidei minha irmã, que era decoradora, para me auxiliar. Consegui materiais sem custo e algumas coisas que tinha da própria empresa no estoque para realizar o que pensava.

Quando o mercado fechou, peguei a liberação do gerente e iniciei meu trabalho, que se alongou durante toda a madrugada. Estávamos apenas eu e minha irmã trabalhando na vitrine. Dentro do local havia seguranças e o pessoal da limpeza. Pela primeira vez percebi a importância do trabalho deles, que passam as madrugadas lavando e lustrando os pisos e vidros para no outro dia estar tudo impecável. Realizamos um trabalho lindo, que finalizamos pela manhã. Ao clarear o dia fui levar minha irmã em casa e voltei para seguir com as demonstrações, o que eram minhas responsabilidades. Iniciava ali minha primeira virada de noite em trabalhos diferenciados.

Foram 30 horas trabalhadas direto, com pausas somente para lanches e deslocamentos. O resultado foi um aumento considerável nas vendas, não somente dos produtos sazonais pelos quais eu era responsável e sim de toda a linha da empresa que eu havia colocado na vitrine. Recebi elogios pela ideia, inovação e utilidade de um espaço esquecido por todos. Ganhava meu primeiro reconhecimento e oportunidade de seguir trabalhando na empresa, ainda no formato temporário, mas como promotora de abastecimento ferista. A própria promotora desta loja estava saindo de férias e eu fiquei responsável até o seu retorno. Cuidei da loja, o que era um grande aprendizado, e logo no meu primeiro trabalho já comecei em um grande atacado com produtos fechados, cargas pesadas e grandes volumes.

Cris Souza...

Trabalhava com paletes fechados, aprendi a manusear paleteiras, controlar entradas e saídas de mercadorias, realizar pedidos e tantas outras atividades que não se via como demonstradora. Quando a promotora retornou fui convidada a seguir em outra loja, cobrindo as férias da melhor profissional deles. Passaria uma semana com a promotora para aprender a sequência da loja e depois disso seria tudo comigo. Esta era a oportunidade que eu precisava. Já quando anunciaram a loja e a promotora com quem eu trabalharia, muitas pessoas vieram me falar para ter cuidado porque era uma profissional muito difícil. Recebi muitas recomendações sobre como lidar com ela e todos diziam que ninguém parava naquela loja devido ao perfil desta promotora, que era antiga na empresa. Mas quanto mais as pessoas falavam, mais vontade eu tinha de conhecê-la. Sabia que eu poderia aprender muito com ela porque se era a mais antiga na empresa e estava na loja de maior volume em vendas, com certeza era uma ótima profissional.

Foi o que encontrei, uma pessoa totalmente focada, uma mulher de garra em quem procurei me espelhar por pura admiração. Ela tinha os melhores espaços, não porque era a maior empresa e sim porque era a melhor profissional, tinha atitude, ótima percepção, era rápida e exigente. Ela realmente foi comigo tudo o que falavam: me testou o quanto pode, exigiu a perfeição, a agilidade e responsabilidade que eu precisava para aprender tudo o que queria. Ela foi grande responsável pela profissional que sou hoje. Agradeço à Flávia, que foi a promotora líder que me fez conquistar meu espaço através de seus grandes ensinamentos de "chatices".

Trabalhei de ferista no seu lugar nas lojas Americanas no centro de Porto Alegre. Sentia-me na obrigação de devolver a loja impecável, como ela deixou e ainda melhor. Mantive a loja e ainda conquistei algumas coisas a mais para aguardá-la. Era uma loja de giro rápido nas miudezas, muito diferente do atacado em que eu estava, o que me fez perceber os diferentes tipos de mercados. Saía de casa ainda noite para pegar o ônibus, tinha que estar lá na loja às 6h da manhã porque quando abrisse, às 8h, as gôndolas deviam estar todas cheias, precificadas etc. Ao final destas férias recebi minha grande chance. Fui efetivada na empresa e ganhei um roteiro onde era responsável por três grandes lojas. Fui destaque na empresa, cujo nome tenho orgulho de falar, Arcor! Foi meu primeiro emprego efetivo e aprendi com os melhores do mercado, pessoas que me ensinaram o que é trabalhar de fato, nas quais me espelhei para seguir em frente e hoje trago um pouco de cada uma delas em minha trajetória. Acabei saindo da empresa por motivos financeiros. Percebi que ali não teria tantas chances de crescimento como em outra empresa na qual eu já estava querendo ingressar e que pagava um salário bem melhor.

Cris Souza...

72 horas no 220 Volts

...

Após sair da empresa Arcor me aventurei nos temporários novamente porque queria buscar maiores salários e empresas. Apesar de ser muito grata à Arcor, acreditei que seria o melhor a fazer e assim o fiz. Iniciei como promotora em sazonais novamente, agora visando a empresa Kraft – Lacta, onde iniciei como promotora temporária ferista, passando por quase todos os roteiros da empresa, cobrindo as férias de todos os principais promotores fixos. O maior desafio era conquistar a sazonal de Páscoa pela Lacta. No ramo era uma das atividades mais bem pagas e de melhor visualização. Mantive todos os trabalhos seguindo os ensinamentos da Flávia, da Arcor. Porém, para a Kraft. Realizei quase todas as férias. Só faltava a principal delas, a da promotora Clair, das lojas Americanas dos shoppings Praia de Belas e Moinhos. Lembro que antes das férias tinha a sazonal de Páscoa, que eu peguei justamente na loja dela para após então iniciar a cobertura das férias. Quando fui para lá, passei pelas mesmas recomendações da época da Flávia, porém já fui escolhida justamente pelo ótimo currículo de antes, com uma promotora de perfil parecido. Como na experiência anterior, não dei ouvidos às informações negativas da promotora e sim às possibilidades de aprendizado que teria com isto.

Cris Souza...

Nesta época eu já tinha meu carro próprio e isto me ajudou bastante, porque, além do trabalho normal que realizava, consegui destaque e fui chamada pela própria Clair para assumir a equipe de apoio no turno inverso. Ali iniciavam meus trabalhos duplos, pelos quais peguei gosto e me renderam bem, financeiramente falando. Eu passava o dia nas lojas Americanas do Praia de Belas e após as 18h iniciava o roteiro de lojas. A equipe de apoio realizava as montagens das parreiras de Páscoa nas madrugadas. Após as lojas fecharem, iniciávamos os trabalhos pesados. Nesta parte eu aprendi o outro lado da beleza das sazonais. Conheci o trabalho realizado nas montagens gerais dentro das lojas. As portas fechavam, os clientes saíam e iniciavam os martelos, furadeiras, ferros, escadas etc. Este trabalho me lembrava a época na loja do meu pai, onde participei de todo o processo de montagem. Então dei o mesmo valor a esta etapa que faria com que toda a beleza da época fizesse a diferença para os clientes, que não tinham ideia do trabalho por trás daquilo tudo. Eu gostava tanto deste trabalho que até esquecia de comer e descansar. Trabalhava em média 12h por dia, descansava um pouco e na madrugada voltava para as montagens que aconteciam durante duas semanas no máximo. Trabalhar com a Clair foi outro grande aprendizado. Percebi que ela entendia tudo como promotora porque também entedia todo o trabalho por trás disto, no caso as montagens etc. Ela virava noite e dia trabalhando e eu fui no embalo.

O máximo que fiz foi trabalhar por 72 horas ininterruptas. Foram 72 horas de montagens sem descanso para conseguir entregar as lojas no prazo. Éramos um grupo de seis pessoas se apoiando e buscando o seu melhor nas lojas. Todo o grupo tinha a mesma experiência. Foram profissionais treinados pela Clair.

Trabalhavam focados, com respeito, e lembro de grande alegria e amizade. O trabalho pesado e cansativo se tornava mais leve e agradável com aquelas pessoas que tinham os mesmos ideais. Aprendi a me manter alerta porque sabia que isto fazia diferença para as conquistas que eu queria mais à frente. Além do trabalho, que procurava sempre realizar da melhor forma possível, ainda tinha a direção nos deslocamentos das lojas e materiais, então precisava realmente estar alerta.

Claro que se pensar em questões de saúde, seguir neste ritmo por muito tempo seria um desastre, mas por algum tempo era necessário e até divertido. Tomava muita Coca-Cola, energéticos e cafés para me manter "bem". Os lanches nós fazíamos juntos nas lojas de conveniências dos postos de gasolina onde parávamos algum tempo. Os carros eram equipados sempre com um bom som para fazer com que o ambiente agitado apoiasse o trabalho de alerta e o insulfilm era importante para os descansos no seu interior, assim ninguém ficava me vendo dormir no carro e eu também ficava protegida do sol. Financeiramente falando, consegui conquistar um bom valor. Recebi mais em horas extras do que o valor de salário. A proporção era mais ou menos esta: Salário R$800,00 x Horas extras R$2.000,00. Pensando por este lado eu segui no mesmo ritmo após a sazonal. Neste trabalho me destaquei pelo perfil de liderança, o que me fez conquistar uma nova etapa na carreira, quando por indicação fui chamada para fazer supervisões de promotoras e degustadoras e como gerente de uma academia de ginástica. Nas horas vagas e finais de semana, se não bastasse, realizava trabalhos como supervisora promocional. Seguia então ligada no "220 Volts", como se fala.

Cris Souza...

Assim me acostumei por necessidade, e depois o próprio organismo tratou de entender e seguir em frente trabalhando desde as 6h30min até encerrar às 22h na academia. Na época eu tinha um intervalo de cinco horas durante o dia porque eu abria e fechava o local. No meio do dia descansava e depois sobrava tempo para os eventos, em uma frequência de mais ou menos duas vezes durante a semana e nos finais de semana. Nesta época meus pais já achavam que eu fazia algo errado, várias pessoas achavam que eu ia para festas passear enquanto eu ia trabalhar mesmo. Lembro que muita gente falava que eu era "louquinha". Não sei por onde começaram as invenções, mas tinha na família quem falasse que eu andava usando drogas e bebendo, porque vivia com os olhos vermelhos e quando estava em casa dormia e não participava das reuniões de família.

Perceba! A pessoa trabalha com serviço pesado e mais eventos à noite, passa muito tempo ativa na rua, criando formas de conseguir se destacar nas empresas e está em transição passando para uma fase de maiores responsabilidades no trabalho. Como não ficar com os olhos vermelhos de cansaço e dormir nas poucas horas vagas em que consegue estar em casa? Era muito ruim escutar dos próprios familiares que achavam que eu estava fazendo algo de errado ao invés de receber incentivos e elogios. Escutei alguns absurdos que prefiro nem escrever porque não valem a pena, mas eram sempre falando que eu estaria fazendo algo errado na rua, pois não sabiam de onde eu tirava dinheiro para conseguir trocar de carro, fazer algumas viagens que eu gostava etc. Enfim, nada que me tirasse o foco. Pelo contrário. Cada vez estava mais certa de que estava no caminho do sucesso. Porém isso me afastava cada dia mais da minha família. Eu já estava casada e programando a minha gravidez, já havia comprado um terreno para construir e logo as

Cris Souza...

perturbações acabariam. Assim eu pensava, assim eu me programava.

Meu marido incentivava meu crescimento, porém era uma pessoa sem ambição alguma e este perfil me incomodava. Eu lutava pelas coisas sozinha. Meus sonhos de conquistar casa e outras coisas era uma luta pelo casal, porém vivida somente por mim. Após o nascimento do meu filho percebi que não poderia contar com ele, que já estava me atrapalhando. Além dele não ter esta motivação para o trabalho e conquistas como eu tinha, ele estava usufruindo das minhas conquistas, que passaram a ser maiores, porém não apareciam porque tinha que dividir com ele, que não se esforçava para melhorar e trazer melhores condições para a família.

Nesta época eu estava trabalhando apenas como gerente da academia porque tive que vender o carro para comprar o terreno. Após comprei a moto do meu marido, para ele poder me auxiliar nas finanças, mas isto não aconteceu, então percebi que estava perdendo e não ganhando. Percebi que trabalhava muito, não tinha tempo para cuidar do meu filho e ainda precisava bancar meu marido. E ficava mais decepcionada ainda quando a minha própria família me aconselhava a manter o casamento, porque mulher separada e com filho é difícil evoluir. Não eram exatamente estas palavras, mas era o que resumia tais conselhos e palpites. Mais uma coisa que me fazia sentir este afastamento da família cada vez maior.

Mas voltando à carreira, devido a estes motivos eu vendi o terreno e comprei um carro para poder voltar a atuar nas empresas como supervisora promocional. Saí da academia, pois eu não sentia gosto pelo trabalho apesar de ser muito grata ao Marco, dono da

Cris Souza...

academia, que me ensinou a administrar o negócio e foi sempre uma grande pessoa. Era um setor que eu não gostava e um trabalho interno que fazia eu me sentir presa. Percebi que eu gosto é da rua, da diversidade e liberdade no trabalho e outro fator decisório foi o financeiro, pois por mais que meu cargo fosse de gerente eu ganhava bem mais como supervisora promocional. Voltei a atuar nas agências e logo consegui um trabalho como supervisora regional na empresa Pirahy Alimentos, onde fiquei por mais tempo e aprendi o outro lado das ações promocionais. Na Pirahy, aprendi a fazer todo o desenvolvimento das ações que antes eu somente supervisionava. Foi a época em que eu consegui realmente me posicionar e trazer todo o meu lado criativo para a minha carreira. Conquistei prêmios importantes com o desenvolvimento de ações para o mercado, planejava e cuidava das minhas próprias ações.

Nesta fase percebi o quanto valeu a pena passar por todos os inconvenientes que passei na profissão. Iniciei carregando caixas, trabalhando nas madrugadas nas montagens, escutando desaforos de gerentes de loja que por vezes não valorizam o trabalho dos promotores terceirizados. Enfim, ali eu estava em uma empresa conceituada, podendo liderar uma equipe com a certeza de que eu tinha capacidade para saber, inclusive das dificuldades que eles enfrentavam nas lojas, o que me fez ter mais sucesso em minhas lideranças, porque eu entendia e respeitava o trabalho dos meus liderados. Assim eu conseguia auxiliá-los da melhor forma possível e trazendo ótimos resultados para o mercado e as pessoas que ali estavam.

Após todas estas fases e experiências, seria a hora de eu começar a colher os frutos, porém as coisas pioraram nas questões

Cris Souza...

familiares, o que também me fez trocar de profissão. O importante é saber que houve uma construção e que as coisas não acontecem do nada. Escuto muitas pessoas falarem que eu sempre quis começar como gerente ganhando milhões, que sonho alto demais e que ninguém começa em uma empresa como diretor. Pois eis a minha trajetória, da qual me orgulho muito. Hoje tenho sérios problemas de coluna que com certeza são provenientes desta época em que estava em construção de carreira, mas afirmo que até isto me faz perceber que é o resultado do meu esforço, que me fez ser quem eu sou hoje. São marcas de uma vida de quem batalha pelo que quer e não fica parado esperando algo cair do céu. São marcas de quem saiu da zona de conforto e acreditou no próprio potencial. São aprendizados e lembranças que me trouxeram até aqui, uma pessoa com muitos sonhos realizados e que aprende com a vida.

Motivo aparente x realidade

...

Se existe um comportamento que sempre me chamou atenção, é a capacidade do outro de se achar no direito de acreditar em uma história do próximo e sair aos quatro cantos falando que esta é a realidade, sem mesmo saber ou sequer perguntar do que se trata a vida alheia. Parece metáfora, novamente coisas de novelas ou livros de histórias inventadas, porém é uma realidade cada vez mais comum entre os seres humanos. Aliás, é bem mais fácil e prático inventar, acreditar e fazer o tumulto como se quer, do que ir atrás das verdades e tentar entender, compreender ou até mesmo auxiliar quando preciso. Mais fácil no sentido de não dar trabalho ou até mesmo não enxergar o que o inventor possui de culpa ou problemas diante dos fatos. Quando falo em mais fácil significa manter-se em sua zona de conforto, olhar o problema do outro e não o próprio, dedicar-se a tumultuar a vida do próximo, já que a sua está tão tumultuada que é melhor cutucar o próximo e não a si mesmo.

Poderia ficar páginas e páginas citando motivos pelos quais as pessoas tomam certas atitudes, mas não vem ao caso. Aqui cabe salientar a realidade dos fatos inventados que tomaram proporções inimagináveis, proporções que acarretaram situações onde vidas estavam em jogo, onde mães e filhos perderam o direito de serem, apenas mães e filhos e aconteça o que acontecer jamais

Cris Souza...

terão esta etapa tão importante da vida recuperada. Levo minha vida corrida, agitada, sou uma mãe como tantas outras e talvez a maioria neste país, uma mãe que teve seu filho cedo, por opção, e uma mãe solteira.

Casei-me aos 19 anos, aos 21 tive meu filho e aos 22 anos me separei. Meu casamento foi ótimo, não me lembro de brigas, nem na hora de separar. Casamos conscientes, aproveitamos o tempo em que estivemos juntos, engravidamos por opção e muita vontade de termos um filho. Foi tudo muito rápido, mas como sempre em minha vida tudo muito consciente e de acordo com o que estava sentindo. Muitos me perguntam se eu não me arrependi de ter casado cedo e com quem me casei, afinal me separei rápido. Mas sabe que tenho algumas certezas na vida e uma delas é de que a melhor atitude que tive foi de me casar, ter meu filho e depois me separar, ou seja, foi tudo maravilhoso. Quer coisa melhor do que um presente como o que eu tenho, um filho lindo, saudável, amigo, que me traz tantas alegrias nesta vida?

Independentemente do que tenha acontecido, meu filho é meu maior motivo de ser. Muitos também acham estranho eu não brigar com o pai dele por não aparecer, nunca ter auxiliado com a pensão que é devida por lei, mas quer saber? Me deixou este presente lindo e isto não tem preço, então não consigo brigar com uma pessoa destas. Simplesmente foi como tinha que ser.

Como estava falando, voltando ao principal, sou como tantas mães brasileiras que tiveram seus filhos cedo e criaram sem seus pais; eu ainda com o conveniente de ter o auxílio dos meus pais, que, independentemente de qualquer coisa, sempre me ajudaram nos cuidados com ele. Cito também suas madrinhas e padrinhos que

Cris Souza...

também se fazem muito presentes. Ou seja, meu filho é cercado de muito amor e cuidado. Por vezes acredito que tanto amor, acabou gerando todos esses transtornos, mas já diz o ditado, antes pecar por mais do que por menos. Meu grande sonho sempre foi ter meu filho muito bem-criado, boa escola, boas roupas, ótimos passeios etc. Talvez este seja um dos motivos pelos quais sempre trabalhei tanto, em busca de uma vida melhor, tanto que me descuidei de nós mesmos.

A intenção sempre foi ótima. Trabalhava em dois empregos, um fixo e outros temporários para complementar a renda. Dias de semana eu trabalhava e finais de semana mais ainda, e sempre gostei. Trabalhava durante o dia, normalmente desde as 7h da manhã, saía de casa em média 6h, por vezes era noite ainda. Após o trabalho eu estudava. Não me lembro de ter noites livres, estava sempre trabalhando e estudando. Acabei o ensino médio e fazia cursos preparatórios e profissionalizantes, acabava um e já iniciava outro, acreditava que era garantia de sucesso. Fiz desde cursos de vendas como cursos de massagens e depilação, queria saber um pouco de tudo. Até entrar para a faculdade, e aí sim os estudos viraram um "vício" sem fim.

Lembro que mesmo antes de ganhar meu filho já era assim, eu gostava do meu trabalho e depois do horário normal fazia horas extras, às vezes ganhava mais por horas extras do que pelo próprio trabalho, como já mostrei em capítulos anteriores. Durante a minha gravidez eu iniciava no trabalho às 6h da manhã e saía às 22h. Trabalhava como gerente de uma academia de ginástica onde fazia abertura e fechamento da mesma e aos finais de semana havia trabalho como supervisora de eventos que às vezes viravam a madrugada. De tanta agitação, aos seis meses de gravidez, quase

31

sete meses, fui para o hospital com contrações e tive que tomar remédios para segurar a gravidez. Foi a única coisa que me fez parar. Ali meu filho já mudava minha vida. Deste dia até ganhar meu filho fiquei de repouso em casa sem quase me mexer, pois corria sérios riscos de ele nascer antes e não sobreviver. Assim entendi que precisava parar um pouco, por ele, que merecia viver.

Após seu nascimento, fiquei três meses de licença cuidando do meu pequeno e logo após este tempo já voltei a trabalhar no mesmo ritmo. Abria e fechava a academia. Só larguei os estudos naquele ano, por um semestre, até ele ficar um pouco maior, após retornei. Logo após o nascimento do meu filho, meu ex marido ficou desempregado. Lembro que foi uma fase crítica. Ele me largava no serviço com o meu carro e passava o dia na rua ao invés de cuidar do nosso filho, que ficava o dia todo na creche. À noite, quando eu saía do trabalho, ele me buscava. Sempre chegava com cheiro de bebida. Passava o dia com o meu carro na rua com os amigos, bebendo em bares de sinuca. Quando chegava à noite ele sempre tinha um convite de alguém para ir às festas ou outros eventos, como fazíamos antes do nosso filho. Para ele as coisas não mudavam. Quando tínhamos um convite para qualquer coisa ele achava que tínhamos que deixar nosso filho com meus pais e sair, mas não foi o que fiz e isto fez com que a relação se desgastasse. Ele passava o dia na rua e quando ficava em casa era sempre atirado no sofá da sala assistindo televisão ou coisa parecida.

Teve uma fase em que ele cuidava da casa, fazia janta para a hora que eu chegasse e organizava as coisas de casa muito bem, mas esta fase passou logo e ele voltou a andar na rua, com os amigos, gastando o nosso dinheiro, que já não dava mais para quase nada. Pensei em ter o nosso lar, fora do mesmo pátio dos meus pais, onde morávamos em casa separada. Acreditava que isto poderia estar influenciando no comportamento dele preferir ficar na rua. Foi então que decidi vender meu carro e comprar um terreno, dei o valor do carro de entrada e financiei o restante. O acordo estabeleceu que eu pagaria o terreno e ele construiria a casa. Porém, ele não conseguia emprego e precisávamos aumentar a renda. Então um dia ele reclamou da venda do carro porque se tivéssemos veículo ele poderia trabalhar com entrega ou algo parecido. Ele até falou que se tivéssemos uma moto ele poderia fazer serviço de moto boy enquanto não arrumava outro trabalho no ramo dele.

Eu, novamente preocupada em manter a qualidade de vida da família, fiz uma surpresa, pedi um adiantamento de salário para meu diretor e comprei uma moto à vista para ele, que ganhou como presente de Natal, uma CG125. Com ela ele poderia fazer o trabalho que queria. Claro que ele ficou feliz, falou que seria uma virada na nossa vida e que logo ele faria nossa casa. Eu falei com um arquiteto que fez a planta da casa e vi os valores de materiais etc. Passou um ano e ele sequer foi cortar a grama do terreno para mantê-lo limpo. Ele entrou para o trabalho de moto boy, ou pelo menos falou que entrou. Falava que trabalhava à noite. Saía de casa no início da tarde e retornava sempre após a 1h da madrugada, sempre com cheiro de bebida. Não trazia dinheiro para casa e seguia utilizando meus cartões de crédito para coisas fúteis.

Foi então que percebi que eu estava levando um casamento de brinquedo e decidi me separar. Eu sou uma pessoa muito ativa, que gosta de gente ousada e decidida, e isso eu nunca teria com ele, que até hoje leva uma vida pacata e nada ousada. Seria sempre eu a levar as coisas a sério e ele viver no paraíso, como é até hoje ao lado da sua mãe, com quem mora desde quando nos separamos. Por isso falo que a melhor coisa foi casar-se e melhor ainda separar na hora certa. Separei, vendi meu terreno e comprei outro carro. Um carro era importante para que eu conseguisse realizar os trabalhos extras temporários de supervisão de eventos. Com o tempo, as supervisões se tornaram tão constantes e mais rentáveis que larguei meu trabalho de gerente na academia e passei a trabalhar somente com supervisão de eventos e merchandising. Construí minha carreira no setor de marketing, que por vezes era rentável, porém incerto no contexto em que eu estava.

Após minha separação, comecei a sair à noite, fiz novas amizades, estava em uma faculdade, a faculdade IPA, no curso de administração, com pessoas novas e que gostavam de sair. Ali eu conheci a noite e gostei do que vi. Agora, além de eu trabalhar bastante e estudar, ainda tinham as festas pelas quais tomei gosto. Não ia a tantas devido ao meu filho. Precisava ficar com ele, mas pelo menos duas vezes na semana eu saía e virava a noite na rua, indo trabalhar direto no outro dia. Não me arrependo, porém hoje sofro as consequências. Era uma época ótima. Eu tinha meu filho, trabalho, dinheiro, carro e "amigos", era tudo maravilhoso na cabeça de uma garota com 24 anos, que nunca havia saído na adolescência e que quando começou a sair logo casou e tinha tantas responsabilidades. Esta fase era como um resgate de uma adolescente que queria conhecer coisas novas, sabia de sua responsabilidade, mas também queria aproveitar a liberdade. Enfim, eu estava conhecendo a noite, as festas, coisa que eu nunca havia tido como adolescentes "normais", até porque desde os 16 anos de idade trabalhava e estudava bastante, tinha uma vida de "quase" adulta. E isto por pura opção, porque eu não gostava de sair.

Sempre quis casar e ter meu filho cedo e nem pensava nesta fase que achava boba nas outras garotas e agora parecia tão boa. Foi uma fase divertida, dos 24 aos 26 anos. Aproveitei uma vida de adolescente com a responsabilidade de uma mãe. Sabia que tinha meus pais para me auxiliar com meu filho, então ficava tranquila nas minhas saídas. Porém, nunca imaginaria que estes próprios pais, nos quais confiava tanto, apesar de difícil relacionamento, iriam se utilizar destes fatos contra mim nos tribunais. Neste tempo de adolescência retardatária, eu tive oportunidade de fazer muitas coisas "ditas" erradas pela sociedade. Aliás, bem antes eu já tinha estas oportunidades com meu marido, mas nesta fase mais ainda. Não tinha medo de nada. Por gostar de músicas eletrônicas frequentava raves, festas que viravam noites e onde a maioria utilizava drogas pesadas, principalmente para conseguir manter a adrenalina e passar as noites em claro. Porém, eu nunca precisei destes artifícios para me manter agitada, acordada ou alegre. Eu só aproveitava para dançar e me distrair mesmo. Como diz uma amiga, Tassiane Corrêa, que participou desta fase e convive comigo até hoje, "a Cris já é assim louquinha, agitada e pilhada de cara limpa, imagina o que aconteceria se ela usasse tudo isso, nem precisa". O máximo que eu fazia nesta época, quando tinha alguém comigo, e para voltar dirigindo, era beber um pouco. Adorava e adoro até hoje tomar Smirnoff Ice e um bom vinho.

Às vezes bebia um pouco a mais que o normal que o consciente permite assimilar. Assim entrava outra frase que eu falava muito e a dona Tassi adora lembrar até hoje; virou nosso jargão. Às vezes ela falava algo e eu não lembrava, porque quando bebia a mais, eu esquecia de algumas coisas que aconteciam. Mas ela sempre estava ao meu lado, e eu sempre dizia que "se eu não lembro eu não fiz". Este é um código nosso que nos faz lembrar do

35

quanto aproveitamos esta fase criativa e ousada, digamos assim. Mas até nestas horas eu era bem centrada, só bebia quando tinha alguém comigo porque não podia dirigir se tivesse bebido. Eu sempre cuidei estas coisas e sempre preservei a vida de todos. Foi a fase mais bizarra de toda a minha vida, nesta idade dos 24 aos 26. Me permiti ser a adolescente que não fui com o cuidado e a alegria de ser mãe. Posso dizer que fiz tudo o que queria, aproveitei ao máximo para me permitir a liberdade em todos os sentidos. Falando assim parece que eu era uma doida desvairada pelo mundo, mas não. Esta liberdade de que falo era apenas fazer o que eu tinha vontade, sem medo do que poderiam pensar ou falar.

Aliás, eu nunca tive preocupação ou medo do que os outros pensariam ou falariam, mas nesta fase me permiti realizar todos os desejos e curiosidades que eu tinha. Em todas as vezes que eu saía, ligava para meus pais e perguntava se poderiam cuidar do meu filho. Eles sempre concordavam e perguntavam onde eu iria, porém eu não respondia. Só falava que ia sair e provavelmente não voltaria para dormir, mas andava sempre com o telefone ligado e à mão para o caso de precisarem.

Estas faltas de respostas tinham dois motivos:

1. Primeiro, é que eu costumava sair sem rumo. Pegava meu carro e simplesmente saía e quando algum lugar chamava a atenção eu entrava. Quase sempre encontrava alguns amigos e amigas em um posto de gasolina movimentado na cidade, os famosos postinhos, onde nos encontrávamos para decidir o que fazer. Se a noite estivesse agradável seguíamos no mesmo local. Caso contrário saíamos em busca de algo melhor e normalmente passávamos a noite nas festas, indo trabalhar direto no dia seguinte.

Cris Souza...

2. Segundo motivo é a mania de não dar satisfações. Eu nunca gostei de dar satisfações de onde eu vou ou deixo de ir. Minha família tem a mania de ficar perguntando sobretudo e com isso fica falando para todos o que acontece na vida dos outros. Como sempre digo, não existe certo ou errado, feio ou bonito, mas normalmente existe uma fofoca generalizada entre famílias e a minha é uma delas. O principal assunto sempre é a vida do outro, sobre o que ele faz ou fala e normalmente a crítica é cruel, mesmo sem saber exatamente o que acontece. As famosas "tias" sempre inventam e acreditam no que querem, passando como certo para as outras pessoas.

Nunca gostei de vida pública ou de que alguém se meta nas minhas decisões, então preferi ter minha vida isolada, até porque eu sempre pensei diferente da minha família em quase todas as situações. Sempre que respondia perguntas como, 'o que está fazendo'? o comentário era que aquilo era errado e da forma com que elas sabiam era melhor. Se a pergunta fosse, 'onde vai?', a resposta, era de que não era um lugar bom e sempre tinham opiniões melhores. Como falei, um dos motivos, o segundo, era não dar satisfações para não dar pano para a manga, digamos assim. Simplesmente isto e mais nada. Foi passando o tempo e aos 26 anos troquei de faculdade, deixei a Administração para focar no Marketing, área em que já estava atuando profissionalmente. Fiz o vestibular e passei na faculdade do Senac. Lá fiz novos amigos. Tinha 26 anos, meu filho comigo, um ótimo e seguro trabalho, com um cargo importante.

Há pouco tinha comprado o carro dos meus sonhos, na época um Peugeot 206 modelo novo. Era o que eu queria. Logo, tratei de personalizar o carro como fazia com todos os que comprava, coloquei rodas de liga leve com pneu baixo, insulfilm, o

Cris Souza...

melhor som que podia, enfim, equipei o carro bem como eu gostava. Sempre fui uma apaixonada por carros e fazia questão de cuidar de tudo pessoalmente. Já tinha feito um curso rápido de mecânica e gostava de cuidar disto e de lustrar todo o carro para sair. Tudo parecia estar muito bem, mas na faculdade nova eu comecei a ter vontade de montar o meu próprio negócio, afinal eu tinha muita criatividade. É do meu perfil esta vontade de inovar, porém com as cadeiras de empreendedorismo e similares me senti mais preparada e resolvi entrar de vez em meu negócio próprio.

Novamente, sem falar nada para ninguém, eu me organizei e pedi demissão do meu emprego seguro (na verdade fiz um acordo para sair com algum valor para investir no meu negócio e a empresa aceitou devido à minha sinceridade e bom trabalho realizado até ali). Acabei convidando uma pessoa que não posso mais chamar de amiga, mas na época parecia, enfim. Convidei esta pessoa para ser minha sócia. Eu tinha como fazer o negócio sozinha, mas gostava de ter alguém comigo dividindo tarefas e ideias. Achei que seria interessante e então foi o que eu fiz. Eu entrei com o dinheiro e ela entraria com o trabalho operacional. Investi todo o valor que eu tinha acreditando no sucesso, comprei uma estética montada e muito bem equipada, mas eu nunca tinha trabalhado no setor, apenas realizado alguns cursos para conhecimento. Nesta fase, quando achei que tudo estaria melhorando, quando acreditei que agora seria a fase de eu aproveitar para trabalhar menos e ganhar mais, para aproveitar mais com meu filho e parar de sair de casa ainda na madrugada para pegar cedo no serviço, foi a fase em que começaria meu declínio. Entrei em um negócio muito segura, como é do meu perfil. Não pensei muito, achei que era um bom negócio e investi tudo o que eu tinha.

Jamais pensei que algo fosse sair errado. Outra característica minha é acreditar em todo mundo e descobri que era muito bobinha neste sentido. Afinal, a sócia com quem eu dividiria o negócio era na verdade uma pessoa totalmente descontrolada emocionalmente, uma pessoa de caráter duvidoso, soube me enganar muito bem com seu perfil comunicador e, diria, até enrolador. Enquanto trabalhou comigo só auxiliou nos gastos de café e embelezamento dentro do salão. Falava bonito e dizia que tinha que fazer sala para as clientes. Assim, servia o cafezinho para si e para as clientes e se sentava ao lado delas enquanto o serviço era realizado. Até hoje penso que o negócio já foi feito em conjunto com a pessoa que me vendeu, afinal foi por indicação da própria amiga sócia que eu cheguei a esta pessoa com quem negociei. Após três meses trabalhando e apostando no setor, descobri que, além de mim, mais duas pessoas também haviam comprado o mesmo negócio, ou seja, era um belo golpe.

Nem preciso falar que nesta época já não tinha mais festas ou algo parecido. Minha vida havia se tornado muito mais tumultuada do que quando eu tinha dois ou três trabalhos, mais faculdade. Tentei de todas as formas achar um meio para não perder o que eu tinha investido, mas o fato é que acabei desocupando o local. Sorte a minha que ainda consegui sair com os móveis que havia comprado. Após um dia de trabalho, em um sábado, ao fechar a porta para a última cliente, iniciei a mudança. Meu pai tinha um caminhão que utilizamos para tirar os móveis do local. Como estávamos lidando com pessoas sem escrúpulos, tínhamos medo do que poderia acontecer, caso os ex donos golpistas descobrissem o que estávamos fazendo. Não era nada mais do que o certo, afinal o valor que eu tinha pago era bem mais do que simplesmente o valor dos móveis que eu estava tirando do

Cris Souza...

local, mas quando se lida com este tipo de gente, nunca se sabe o que pode acontecer. Por se tratar de uma ação rápida, além do caminhão, conseguimos mais duas camionetes.

Tiramos tudo do local e guardamos na garagem do meu pai. No outro dia entreguei a chave na imobiliária e pronto, agora o que restava era a decepção de um negócio mal feito. O que ficou foi o aprendizado, uma conta negativa no banco e um longo processo na justiça que ocasionou meu nome no SPC e Serasa devido a algumas promissórias que o golpista colocou no banco. Quando percebi já não dava mais tempo de retirar na justiça e assim este foi mais um motivo pelo qual ficou muito mais difícil qualquer outro negócio. Descobri que um nome sujo é a pior coisa que pode acontecer com uma pessoa, principalmente quando acontece por um grande golpe. Neste meio tempo eu tive o meu carro roubado e a estas alturas me encontrava sem dinheiro, negativa no banco e devendo vários cheques. Estava com o nome do SPC Serasa, sem carro e sem trabalho. Era um prato cheio para uma depressão, o que realmente aconteceu. Andava por várias agências de empregos e todas as vagas que tinham para funções como as que eu realizava, precisavam de carro. Já estava apavorada, precisava trabalhar e então decidi aceitar uma vaga que me ofereceram para trabalhar de coordenadora interna em uma das agências onde me conheciam. A diferença era que uma supervisora ganhava muito mais que uma coordenadora. A proporção era a seguinte:

- Uma supervisora poderia fazer até quatro supervisões para empresas terceirizadas.

Financeiramente estamos falando de uma média de R$ 5.000,00 no total mês, sem descontos. Trabalho totalmente externo, sem rotina,

Cris Souza...

sem muitos horários (o que não era tanta vantagem porque às vezes acabávamos trabalhando bem mais que o normal, mas, como eu gostava, era tranquilo). Realizava o trabalho de carro, o que me fazia muito bem porque adoro dirigir.

- Uma coordenadora era responsável por todas as supervisões.

Por vezes atendia 10 ações ao mesmo tempo, trabalhava internamente sentada em sua mesa cheia de papéis, com horário para chegar, porém sem horário para sair e às vezes trabalhava-se por 12 horas diárias devido ao acúmulo de trabalho. Financeiramente falando, ganhava na época em torno de R$ 1.200,00 por mês, menos todos os descontos, o que baixava para em média R$ 1.000,00. Era a mesma rotina todos os dias, seleções, contratos e relatórios, não fugia disto. Acabei aceitando porque era o que tinha e eu precisava, mas era um trabalho que eu não gostava. Ganhava bem menos e me estressava por vários motivos. O que me ajudou na época foi o início de um namoro na faculdade.

Comecei a me relacionar com um professor e quando percebi já estávamos morando juntos. Ele estava reformando seu apartamento e por isso foi morar comigo por um tempo na casa onde eu já morava, no mesmo pátio dos meus pais. No início do relacionamento era tudo ótimo. Eu já brigava muito com minha família. Lembro que quando ele foi morar lá comigo eu nem falava com meus pais e ele que me incentivou a voltar a falar com eles. Ele era diretor de uma empresa e então saí do meu trabalho e comecei a trabalhar com ele na área comercial. Voltei a ganhar bem, tinha um salário fixo e mais comissões pelas vendas. Lembro que em um mês de comissão eu paguei o semestre inteiro de faculdade. Aos poucos meus pais foram pegando implicância com ele, mesmo sem conviver e sem conhecê-lo direito. Até mesmo porque trabalhávamos o dia todo e à noite estávamos na faculdade. Tínhamos apenas o final de semana livre e mesmo assim estávamos sempre na rua, ou na reforma do apartamento ou em outras saídas. Nunca vou saber, e nem quero, o real motivo da implicância. Em partes sempre defendo que todos têm razão por um lado e ninguém tem razão por outro, porque ninguém sabe o que se passa na vida das outras pessoas, a não ser que estas às conte, o que não era o caso.

Mas o que aconteceu foi que meu pai pediu que ele se retirasse da casa. Aquele homem, que incentivou meu convívio com a família, foi convidado a se retirar da casa por uma coisa que eles acham que poderia ter acontecido, mas nunca aconteceu e para ser sincera nem sei exatamente o que se inventou pelas fofocas de família. Afinal, não faço e nunca fiz parte destas, sei apenas o que me falavam por cima, porque quando via que era fofoca eu trocava de assunto e quando percebia que era invenção pior ainda.

Bem ou mal, isto influenciou para o fim do relacionamento, porém foi rápido porque logo reatamos e meu vínculo com a família acabou de vez. Foi uma fase complicada porque agora ele ficava na mãe dele e eu na minha casa com meu filho. O apartamento seguia em obras e a intenção era de quando finalizasse irmos morar lá. Tínhamos planos de casamento, filhos, tudo que um casal normal sonha. Era um relacionamento maduro, ele e meu filho eram amigos e nunca tive problemas com isso. Nunca o vi maltratar meu filho e se um dia pensasse nisto eu seria a primeira a nunca mais falar com ele com certeza. Começamos uma fase difícil de final das obras no apartamento. Trabalhávamos o dia todo juntos na empresa e à noite íamos para a faculdade, ele para dar aulas e eu para concluir os estudos. Quando saíamos da faculdade eu o deixava em casa e ia para a minha casa no carro dele. No outro dia o pegava na casa dele e íamos trabalhar. Passamos um tempo assim e cheguei à conclusão de que era muito cansativo. Meu filho já estava dormindo nos meus pais todos os dias da semana, porque eu saía para trabalhar 7h da manhã e retornava em média 23h da faculdade, chegava em casa e meu filho nem me via por que estava dormindo.

Resolvi então dormir na casa do meu namorado durante a semana, assim conseguiríamos trabalhar nos detalhes da obra após a faculdade e as coisas aconteceriam mais rapidamente. Sempre que conseguia passava em casa para ver meu filho e fazer alguma coisa durante a semana. Aos finais de semana ele ficava conosco no apartamento. Estávamos praticamente morando na obra, porém nesta fase tinha muita poeira e não levei mais meu filho para lá, porque ele tem bronquite, que poderia se agravar, mas fiquei na obra para auxiliar e ir mais rápido. Mesmo assim eu ligava para ele todos os dias. Em dois dias da semana eu o pegava para levá-lo ao futebol, ficava assistindo às aulas, e depois o levava para a casa da avó. Eu e meu namorado ficávamos na obra durante o dia nos finais de semana e à noite pegávamos meu filho para fazer alguma coisa, jantar ou outro programa.

Quando dormíamos na casa dos pais dele, devido à poeira, meu filho ficava junto. O único motivo pelo qual não deixava meu filho no apartamento durante a obra era a poeira, que poderia prejudicar sua saúde. Na casa dos meus sogros tinha um sofá antigo muito aconchegante para dormir, era bem estofado e largo, quase uma cama de casal. Quando dormíamos lá, eu dividia um colchonete de solteiro no chão com meu namorado e meu filho dormia no sofá ao nosso lado. Sempre que eu tinha que pegá-lo, meu namorado me emprestava o carro, assim como para várias outras coisas, como ele mesmo dizia: "Sou chato com carro e ninguém nunca dirigiu nenhum carro meu, mas em ti eu confio". Pois olha só, deixava o carro comigo e por vezes ficava a pé, mesmo pensando desta forma.

Porém uma vez brigamos e pela primeira vez me senti na dúvida se era isso mesmo que eu queria, se ele era a pessoa certa, pois, como bem se sabe, por mais que se goste da pessoa sempre tem alguns comportamentos contraditórios e isto tem que ser avaliado bem antes de um casamento, ainda mais eu que já havia passado por um. Sempre imagino uma balança e avalio assim. Os pontos positivos devem pesar bem mais que os negativos e para fazer esta reflexão deve-se olhar para o relacionamento com uma certa frieza. Para todas as ações que tenho utilizo este método da balança, fecho os olhos e revejo cada etapa, colocando cada coisa no seu lugar. No final, coloco muito sentimento e vejo para onde ele pesa mais, para o positivo ou negativo. Esta é uma reflexão e uma avaliação fria que aprendi a fazer e normalmente é seguida pela intuição com resultado positivo.

O que se avalia na balança não é se a pessoa é boa ou ruim, e sim se as atitudes condizem com os meus valores e crenças. Todos temos coisas boas e coisas não tão boas assim e tudo isto deve ser reconhecido, principalmente para seguir em um relacionamento a dois e a três, como no meu caso com meu filho junto. Enfim, colocando na balança, percebi que a dúvida existia e desta forma precisava pensar de fora, ver a situação distanciada, para poder ter a certeza na hora que precisasse, mas isto estava acontecendo com os dois lados e ele também fez o mesmo. Chegamos à conclusão de que não era hora e por parte dele o namoro acabou. Com isso, saí da empresa, voltei para a minha casa no pátio dos meus pais, porém com muita mágoa e muito irritada por estar ali naquele local.

Decidi procurar um outro lugar para morar, fiquei um tempo na casa de uma prima, o que não deu muito certo, então voltei para a casa nos meus pais. As brigas aumentaram, eles sempre querendo satisfações de coisas sobre as quais eu não falava, estavam sempre tentando saber o que eu fazia ou onde eu ia, e sempre diziam que eu era metida ou coisas parecidas. Isto porque eu não compartilhava de eventos ou conversas da família e estava sempre no meu canto. Não demorou muito para eu e meu ex namorado começarmos a sair novamente, porém com mais calma. Não se falava mais em casamento e coisas do tipo. Estávamos fazendo as coisas ficarem mais tranquilas para ver o que aconteceria. Mas neste meio tempo, quando meus pais viram que estávamos reatando, tivemos a briga em que saí de casa e descobri que não tinha mais a guarda do meu filho.

Nesta semana meu namorado, e agora podemos dizer em linguagem chula, um "ficante", estava em viagem para Curitiba e eu não poderia contar com ele, e na hora isso me deixou pior ainda. Enfim, em poucas páginas, resumi o que realmente aconteceu de uma forma simples e direta que nunca foi dita à outra parte, meus pais. Fatos que não fazem nenhuma mãe perder seu filho, pelo contrário, atitudes que mostram que uma mãe está sim em busca de algo melhor para a família, mas que foram totalmente distorcidas por pessoas que não faziam parte deste contexto e decidiram por bem definir uma situação que nunca existiu, para se apropriar de um ser inocente, acabar com sonhos de uma família e interromper o que poderia ter sido um final feliz.

Cris Souza...

Marca o dia

...

Você percebe que tem algo errado, mas prefere nem saber para não ser com você. Situações acontecem! Se você olhar a televisão, verá cada coisa inimaginável que até parece ficção. Até que chega um dia e tudo acontece com você. Cada vez que tenho que pensar, falar e escrever sobre isto fico pensando em como pode um absurdo destes virar realidade. E sinto a mesma dor. A cada lembrança, um dedo na ferida que não cicatriza, parece abrir mais a cada vez que lembro.

Era mais um dia como tantos outros. Eu tinha passado por uma fase ruim onde economicamente falando as coisas estavam péssimas para o meu lado. Sem trabalho fixo ou perspectiva disto, estava tentando encontrar uma forma de me manter, realizando serviços temporários. Neste dia em especial, passei-o todo na rua, levando currículos em agências promocionais, e tinha acabado o relacionamento com meu namorado, que havia viajado pela manhã. Era um dia realmente cansativo e desgastante. Chegando em casa já à noite e mais brigas com meus pais. Eram tantas brigas que acho que um simples "oi" mais alto, era motivo de bagunça. Bastava se olhar e lá vinha bronca sem nem saber o porquê. Eu nunca falava o que fazia e nem como. Sempre fui reservada e não gostava das pessoas falando sobre minha vida, muito menos minha família, que sempre distorcia tudo o que era dito. Enfim, foi mais uma

Cris Souza...

briga terrível onde no meio disto tudo, fiz minhas malas e do meu filho e estava saindo de lá. Liguei para uma amiga para perguntar se poderia ir para a casa dela com meu filho, até ver o que fazer, porém a ligação não foi completada. No meio disto tudo meu pai chegou e viu as malas. Perguntou onde íamos e falei que estava saindo de lá, simples assim. Afinal sou de maior, "tenho" a guarda do meu filho e sempre morei e cuidei dele. Não teria nenhum motivo para deixá-lo lá ou coisa parecida, nem me passou isto pela cabeça.

Porém, na mesma hora meus pais falaram que de lá ele não sairia. Foi nesta mesma hora que eles me mostraram o papel dizendo que tinham a guarda do meu filho. Inacreditável! Como poderiam ter a guarda? Eu sequer sabia que eles estavam com processo com este pedido. Como um juiz faria isto? Foi muita briga, consegui pegar o telefone novamente e ligar para a Brigada, que logo chegou. No meio do tumulto só lembro de ver meu filho sendo tirado de mim, chorando muito, e meus pais tentando me segurar, me empurrando para fora de casa. Eu gritava pedindo socorro e meu filho de volta. Lembro de ver os olhos dele saltados com medo de tudo aquilo. Eu falava para ele que tudo ia ficar bem, mas não ficou. Fui jogada para fora do pátio à força pelo meu pai. Era exatamente 1h40min da madrugada, garoava e fazia muito frio no inverno gaúcho que não perdoa. Eu queria entrar para pegar meu filho, mas fecharam o portão e eu fiquei do lado de fora. Alguns vizinhos foram me ajudar, mas de nada adiantou. A Brigada chegou e obviamente eu estava muito brava, gritava muito e queria bater no meu pai. As palavras do meu pai na hora eram de pedido para que os brigadianos me levassem embora e me internassem no manicômio, pois ele alegava que eu estava em surto psicótico e até mesmo drogada. Logo eu, que jamais sequer fumei um cigarro, muito menos usava drogas ou coisa parecida. Mas fica o

47

questionamento. Ora, como não estar neste estado? Era o meu filho que estava sendo tirado de mim sem que eu nem soubesse o porquê. Qual mãe não ficaria assim?

Então um brigadiano tentou me tirar dali. Lembro que bati nele e ele me levou para mais longe e falou para eu me controlar, porque se eu continuasse batendo neles e gritando, ele realmente teria que me levar para o manicômio, porque eu estaria sim apresentando um quadro de surto. Agradeço a este rapaz que percebeu a situação e o que meus pais queriam fazer comigo. Me alertou e ajudou a me acalmar. Lembro do rosto dele na hora e até hoje passo por ele na rua e nos cumprimentamos. Quando eu estava indo embora pedi minha bolsa e meu telefone, mas não me entregaram nada. Saí com a roupa do corpo apenas.

A imagem não me sai da cabeça e me choca. Nesta hora, meu pai olhou e me disse que ali eu nunca mais entrava, tirou R$ 20,00 da carteira, jogou em cima de mim e falou que era para eu ir embora. Virou as costas e entrou sem nem olhar para trás. Me senti pior que um cachorro largado, ali na madrugada fria, chuvosa. Sem meu filho, dinheiro, roupas e sem rumo nenhum. Os brigadianos me perguntaram onde eu queria ir que eles me levavam, então me lembrei de uma prima que morava perto e fui até lá. No caminho, a Brigada me orientou a ir até a defensoria pública para ter explicações sobre o caso e a guarda do meu filho. Chegando na minha prima entrei e comecei a falar para ela o que estava acontecendo, depois pedi para usar o telefone. Queria falar com minha madrinha para ver se ela sabia de algo. Ela pediu que eu fosse até seu apartamento e então eu fui de táxi com dinheiro emprestado por esta mesma prima. Chegando na minha madrinha, eu novamente contei tudo, ela pediu para eu me acalmar, me deu um chá e arrumou a cama para eu dormir, falando que pela manhã falaríamos melhor. Bem, não consegui dormir e, impaciente, olhava para o relógio. O tempo não passava. Levantei-me, deixei um bilhete agradecendo e avisando que estaria indo para o centro verificar a situação.

Saí de lá 4h30 da manhã. Era noite, seguia chovendo e eu fui caminhando até o centro. Andei quatro quilômetros na madrugada até chegar à defensoria pública e passei o restante da noite ali, sentada na calçada, molhada, esperando a defensoria abrir para poder falar com alguém. Quando abriu, fui a primeira a entrar, peguei a ficha número 1 e fiquei aguardando mais ou menos 30 minutos ainda. Quando chamaram eu expliquei tudo e perguntei o que estava acontecendo. A defensora, sem sequer saber do ocorrido, já começou a me xingar, falando que eu deveria saber o porquê de ter perdido a guarda do meu filho, já que nem na audiência fui capaz de comparecer. Falei que nem sabia de audiência nenhuma e ela novamente me insultou, dizendo que era provável, já que havia abandonado meu filho. Agora, vejam como é fácil sair julgando uma pessoa, não é mesmo? Nesta hora ela percebeu que eu realmente não tinha entendido e ela falou "está aqui, você não é a fulana?" Ela deu meu nome de casada, nome que eu não usava há seis anos. Fazia seis anos que eu estava divorciada e havia trocado de nome, fomos verificar e descobrimos que a alegação dos meus pais foi de que eu estava sumida e havia abandonado meu filho com eles. Fora isto, haviam alegado que eu era usuária de drogas e sofria de constantes surtos psicóticos, batia no meu filho e nunca havia cuidado dele.

Alegaram que meu filho morou com eles desde o nascimento, o que era óbvio, porque nós morávamos em uma casa

Cris Souza...

no mesmo pátio. Então realmente ele foi praticamente criado com eles, que cuidavam durante o dia para eu trabalhar e à noite para frequentar a faculdade, que há pouco havia iniciado. Olhando aqueles papéis todos não podia acreditar que eles, meus pais, estavam fazendo tudo aquilo. Como se não bastasse, olhei a data em que foi realizada a audiência e lembrei que naquele dia e hora eu estava na sala com meu filho, assistindo a um dos programas favoritos dele e meus pais foram lá dar tchau porque estavam indo a um compromisso e logo voltavam. Liguei os horários e percebi que o compromisso era a audiência para tirar meu filho de mim, alegando o meu sumiço. Imagine você, é ou não uma situação pior que histórias de novelas? Ali iniciava meu pior sofrimento. Eu realmente estava sozinha, sem nada, sem família, sem roupas, sem documentos, telefone, sem casa. Nada!

Na defensoria marcaram uma audiência de emergência pedindo uma revisão do processo, porém demoraria mais de um mês. Então eu pedi o nome do juiz e o foro que foi realizado para poder verificar outra forma de agir. Após, eu fui até a escola do meu filho, eu tinha que falar para ele o que estava acontecendo e precisava vê-lo, precisava falar para ele que eu não o abandonaria, que isto tudo era um engano e eu voltaria para pegá-lo. Porém, ao chegar na escola, pedi para chamá-lo e a diretora me falou que meu pai tinha ido até lá e apresentado o documento da guarda, me proibindo de vê-lo. Eu fui proibida de ver o meu filho na escola em que eu o havia matriculado, na mesma escola em que eu frequentava as reuniões de pais, as festas, onde conhecia as professoras e colegas. Mais uma vez fui chutada como um cachorro. Mesmo a diretora me tratando com muito respeito e cuidado, eu me senti humilhada, envergonhada e saí de lá mais atordoada ainda porque não sabia o que meu filho estava achando daquilo tudo. Meu pai falou para a diretora, que estava com medo que eu fosse roubar o meu filho na escola e que sumisse com ele, então ele nem iria de transporte escolar, como era normal.

Meu pai mesmo ia pegá-lo e pediu que ela ficasse com ele dentro da escola até que ele chegasse para buscá-lo. Saí da escola e pedi carona no ônibus para ir até o foro falar com o juiz. Chegando lá, falaram que ele não atenderia e que eu devia aguardar a data da audiência. Decidi ficar ali sentada esperando que ele mudasse de ideia e viesse falar comigo. O juiz tinha audiência durante o dia inteiro e apenas um assessor veio me avisar que ele não poderia falar e pediu para eu sinalizar o que era. Falei, mas não adiantou, ele seguia me avisando para eu aguardar. Bem, aguardei ali no corredor do foro do Partenon na vara de família, passei o dia sentada nas cadeiras do corredor, sem comer, apenas bebendo água do bebedouro. Mas nem fome tinha. Eram somente emoções contorcidas e muita raiva e ansiedade. Ao final do dia, o guarda me falou que eu teria que sair para fecharem o foro. Então fiquei do lado de fora aguardando que ele abrisse novamente no outro dia. Foi uma noite estranha em que ao mesmo tempo em que eu estava na rua, também não fazia diferença e sequer eu tinha me dado conta deste pequeno detalhe ao relento. Ao abrirem as portas pela manhã entrei e segui sentada no mesmo banco aguardando. Lembro que eu ficava contando os pequenos quadrados do azulejo do corredor para passar o tempo. Você já se pegou parada o dia todo contando quadrados de corredor de prédio público? Pois é, esta era a minha distração para aguardar.

Quando chegou meio dia o segurança pediu que eu saísse, pois o foro fecha por uma hora e meia para almoço. Saí e aguardei no banco do lado de fora até que abrisse novamente para eu voltar.

Quando voltei, sentei-me no mesmo banco e então veio uma menina de dentro da vara de família, conversou um pouco comigo, avisando que não adiantaria eu ficar ali. Mas não resolveu, eu estava disposta a ficar até que o juiz me ouvisse. Logo mais passou uma senhora vendendo pastéis para os funcionários. Quando ela saiu da recepção, veio me oferecer pastel e pela primeira vez eu senti muita fome e não pude comer nada. Pela primeira vez percebi que eu estava perdida, com fome, frio, sono. Não demorou muito e o guarda do corredor veio conversar comigo e me trazer um café preto. Falei para ele o que aconteceu e ele saiu. Logo mais no fim do dia a senhora dos pastéis voltou e me trouxe um pastel enorme com um copo de leite quente. Eu chorava tanto que não conseguia nem comer. Só a abracei e agradeci porque eu não aguentava mais de fome, estava tonta e com dor de cabeça e estômago. Mas ela então me falou muitas coisas tentando aliviar minha dor e logo depois falou que era para eu ser forte e ter fé. Ela falou que rezaria por mim. Esta senhora tinha na época 65 anos. Era uma avó aposentada que seguia trabalhando, vendendo seus pastéis para ajudar a filha separada e os dois netos. Ela tinha as mãos calejadas, aparência sofrida, usava sempre a mesma saia azul escura com a blusa branca e cabelos longos amarrados em um rabo de cavalo.

Assim passei quatro dias no corredor do foro aguardando que o juiz viesse conversar comigo. Fiz amizade com os porteiros, os seguranças, os estagiários e a senhora da limpeza, que todos os dias me levava cafezinho quentinho. A senhora dos pastéis seguiu me levando um pastel por dia com o copo de leite quente. Este era o meu único alimento. Passei quatro dias assim, quatro dias com a mesma roupa, tentando fazer minha higiene no banheiro do foro da melhor maneira possível, recebendo carinho e cuidado de pessoas

Cris Souza...

nunca vistas antes. Minha preocupação era que já estávamos na sexta-feira. O juiz não queria falar comigo e eu teria que sair dali. Chegou no final do dia e quando estava perto de fechar o foro, o juiz me recebeu. Expliquei a situação e ele me falou para juntar todas as provas do que eu estava falando, de que o processo estava errado. Ele me pediu que pegasse testemunhas que assinassem depoimentos anexando nos documentos pedidos e que levasse o quanto antes. Foi o que fiz. Saí dali e já fui atrás de tudo o que ele pediu. Todas as pessoas que poderiam me ajudar, e todos eles me ajudaram fazendo documentos, provando que eu estava com meu filho inclusive no dia da audiência e que eu sempre morei no mesmo local com ele.

Passei o final de semana na casa de uma grande amiga que se tornou minha irmã, carinhosamente chamada de "marida", pois brincamos sempre que depois de separadas acabamos dividindo a cama de casal. Ela é a querida Gorete Moraes, a pessoa que mais me ajudou, a pessoa a quem eu devo a vida. Ela me deu forças, foi comigo na casa dos meus pais onde consegui minha bolsa, meus documentos, meu telefone e algumas roupas. Eles não estavam em casa e ninguém falou onde tinham ido com meu filho. Só falaram que haviam viajado. Lembro que saí na rua com as coisas em sacolas plásticas de supermercados, eu e a Gorete, de ônibus, com as mãos cheias e as sacolas rasgando pelo caminho. Chegando na casa dela, consegui tomar um banho e trocar de roupa. A Gorete comprou sabonete, shampoo, condicionador, pasta e escova de dentes e me deu. Quando cheguei lá, já estavam todas estas coisas me aguardando. Dividiu a cama, a casa, comida, tudo. Como se não bastasse, ainda conseguia me fazer rir em meio à situação, tentando me alegrar o mínimo que fosse com todo o carinho e alegria que ela tem. Pessoa incrível que eu mal conhecia e me estendeu a mão como ninguém da minha família fez.

Na segunda-feira voltei ao foro, entreguei os papéis ao juiz e ele me perguntou onde eu estava morando, para onde levaria meu filho após pegá-lo e como cuidaria dele. Não tive o que dizer. Não tinha onde morar, não tinha dinheiro e muito menos condição de cuidar do meu filho naquela situação. O conselho do juiz foi que eu então fosse resolver minha vida porque ficar ali no corredor do foro não traria meu filho de volta. Ele me fez ver que a única maneira de ficar com meu filho era tendo minha vida novamente, tendo condições plenas de cuidar dele, dando um lar, comida e condições de vida saudável. Foi o que eu fiz. Saí dali e voltei para a Gorete, imprimi alguns currículos e fui para rua procurar emprego. Precisava de um trabalho fixo de carteira assinada e um lar para apresentar ao juiz. Mas estava difícil, estava tão abalada que só chorava. Estava sem ver meu filho por duas semanas já, sem saber onde ele estava. Passava na frente da escola todos os dias tentando vê-lo e não conseguia, até o dia em que a diretora, vendo a situação, abriu a porta para conversar comigo. Falei com ela por horas e depois de conseguir me acalmar ela me deixou ver meu filho. Só assim eu consegui ficar mais tranquila, porque consegui mostrar para ele que eu não tinha lhe abandonado e prometi resolver tudo isso e ficar com ele novamente.

Iniciando a transformação

...

Minha meta agora era transformar minha vida, alugar um apartamento e dar condições de uma vida saudável para ter meu filho novamente. Porém, não estava conseguindo trabalho e após duas semanas na Gorete, ela ficou desempregada. A situação dela já não era tranquila financeiramente e eu só iria atrapalhar. Foi então que decidi sair de lá. Nesta época eu já estava novamente com meu namorado e fui para a casa dele. Mas não estávamos nos entendendo muito bem e com toda a situação na volta ainda piorou. Às vezes brigávamos e eu saía de lá. Foi então que em uma das brigas eu fui embora à noite, mas estava sem dinheiro e não tinha como ir para a Gorete, porque não havia mais ônibus nem para pegar carona naquele horário. Como eu já estava na rua, procurei um lugar menos perigoso para passar a noite e fiquei em um banco de praça no parque Moinhos de Vento em frente a uma farmácia onde tinham seguranças. Cochilava, acordava, sempre alerta com medo do que poderia acontecer comigo. Passaram vários dias, meses e meses de sofrimento e angústia naquela situação. Eu caminhava muito procurando apartamento ou qualquer canto para alugar e trabalho fixo.

Durante as caminhadas entrava nos lugares para pedir informações ou bisbilhotar mesmo. Na verdade, a única coisa que eu queria era tomar cafezinho ou água. Os locais mais visitados eram

Cris Souza...

os supermercados que tinham degustadoras. Mal sabem os varejistas, mas eles realizam um trabalho beneficente incrível. Descobri que tinham mais pessoas que se alimentavam das degustações nos supermercados. Um dia, andando pela rua, me deparei com uma placa de 'aluga-se' em um prédio velho, não tinha condição alguma de alugar um apartamento, mas algo me fez pedir a informação e logo o dono do prédio veio falar comigo. Na hora ele me falou dos valores e o principal: não precisava fiador e nem documentações. Era só pegar a chave e entrar. Tinha que dar um valor de caução, porém ele havia dito que precisava de um site para sua empresa e aí me ofereci para desenvolvê-lo em troca do valor de caução. Ele aceitou! Eu nem sabia fazer sites, mas logo tratei de aprender, pois este é um dom que tenho. Se não sei, eu busco aprender e fazer da melhor maneira possível e foi o que eu fiz. Na mesma hora ele me deu a chave e falou que eu poderia fazer a mudança.

Nossa! Quando ele falou aquilo me frustrei porque eu não tinha mudança alguma. Só peguei a chave e entrei no apartamento, fui até a Gorete e peguei algumas coisas que ainda estavam lá. Consegui um colchão de casal e pronto. Lá estava eu no meu lindo apartamento do bairro São Geraldo, e era lindo mesmo. Só precisava de alguns cuidados que aos poucos fui fazendo. O apartamento era enorme, muito bem ventilado, entrava bastante sol e tinha uma energia ótima. Era o apartamento número 8, que ficava no terceiro andar do prédio, e pelo que percebi dos demais era o melhor, pois era o único que pegava sol o dia inteiro e ainda tinha corrente de ar. Tive bastante sorte. Porém, precisava arrumar um emprego para poder pagar e seguir ali. Comecei a caminhada em busca de trabalho. Como estava ruim, desisti da carteira assinada no momento e fui falar com alguns conhecidos para ver se

56

conseguia um trabalho temporário ou autônomo. Falando com uma amiga que é cabeleireira, a Waleska Sanders, ela me indicou um rapaz que precisava de vendedora de escovas progressivas. Na hora falei com ele e ainda ganhei uma demonstração no meu cabelo. Estava precisando. Fiquei muito feliz porque não teria salário fixo, mas seria melhor ainda. Trabalharia livremente e poderia ganhar bastante conforme produção, e olha que minha disposição era de se invejar. No começo eu fazia a prospecção e agendava as demonstrações para o rapaz fazer a apresentação do produto no cabelo das modelos. Com o tempo fui observando até aprender a fazer a demonstração sozinha e dobrar minha comissão.

Foi ótimo. O ruim era percorrer todo o trajeto a pé, com todo o material na mochila. O material era pesado e eu caminhava muito com tudo aquilo. Mas enfim, era o meu trabalho e estava ótimo. Fiz muitos clientes e conseguia pagar meu aluguel, a faculdade, e ainda sobrava alguma coisa para a comida para quando estava com meu filho. Nos outros dias, passava a macarrão instantâneo em uma semana, arroz e feijão na outra semana. Fazia panelas de arroz e feijão e este era o meu alimento até acabar e eu fazer outra. Carnes, ovos, leite, achocolatado, sucos e coisas do gênero ficavam guardadas no armário para quando meu filho vinha passar o final de semana comigo. Fazia questão de comprar só o que ele mais gostava e era quando eu conseguia comer alguma coisa melhor. Lembro que todos os lugares que eu tinha que ir. Eram longas caminhadas. Ia e voltava da faculdade a pé todas as noites e em todos os locais que eu ia era a mesma coisa, longas caminhadas. Mas precisava economizar o máximo e o dinheiro era apenas para aluguel, faculdade e comida, mais nada.

Eu e Gorete Moraes em um dos passeios proporcionado por ela. Ganhamos entradas para assistir um teatro do Grupo Tholl no Bourbon Country e ainda tiramos fotos com o pessoal.

Cris Souza...

Justiça justiceira

...

Quando pequena, adorava as justiceiras dos desenhos. Eram as heroínas prediletas. Sempre admirei as pessoas que resolvem seus problemas da sua maneira, pessoas reais ou personagens que acreditam no que estão fazendo e fazem o que acreditam.

Certa vez viajei para Cuiabá e me admirei, pois lá, pelo menos por onde andei e com as pessoas que andei, não existe um cuidado ou medo de sair à noite, de andar controlando retrovisores dos carros nas sinaleiras, com o pé calçado no acelerador para o caso de alguém chegar perto e precisar sair correndo, para não ser assaltado. Lá as pessoas caminham tranquilas. São pessoas mais calmas e livres, pelo menos aparentemente. Um dia comentei sobre isto e a pessoa que estava comigo falou, "aqui ninguém se mete com ninguém, porque a justiça é feita com as próprias mãos e na hora, não ficam esperando para saber o que aconteceu, resolvem suas situações ali mesmo". Na hora achei coisa de lugar atrasado, ao mesmo tempo que lembrei das justiceiras dos desenhos e percebi que funciona, afinal, eu passei uma semana na cidade, passeando nos lugares próximos e em nenhum momento me deparei com assaltos, brigas ou medos dos habitantes. Pelo contrário, foram muito receptivos e todos aparentaram tranquilidade total. Foi uma realidade que conheci e achei no mínimo interessante, contrária à

Cris Souza...

realidade que vivo na cidade de Porto Alegre, onde as pessoas caminham nas ruas controlando até a formiga que anda ao lado.

O que traz segurança nas ruas é perceber que estão controladas por policiais e brigada militar. Uma realidade onde o 191 está salvo nos telefones para que a qualquer toque suspeito o telefone quase ligue sozinho e chame ajuda. Uma realidade onde os foros são cheios, onde basta um pequeno desentendimento e um novo processo é gerado, e falo de carteirinha porque é uma cultura da qual participo. Cheguei a ler o código penal para tentar entender sobre os direitos do cidadão, me tornei uma pessoa que em certa época apreciava ler sites que apresentavam processos abertos com todo o andamento, a fim de saber ou tentar entender o pensamento e avaliações dos juízes.

Quando via a imagem da justiça, pensava que ela usava vendas por não julgar as pessoas, e pasme, eu achava linda, uma justiça que preza por isso, pela igualdade de direitos. Certa vez, na adolescência, pensei em ser advogada, juíza, enfim, coisas do tipo. Eu adorava defender as pessoas, comprava brigas, lutava pelos direitos em tudo e não sossegava enquanto não resolvesse as situações em que me metia. Por outro lado, a crença nas justiceiras era infalível e por mais que eu tenha me tornado uma pessoa muito mais calma após tantos desgastes, acredito fielmente na expressão que diz que "É bom ser manso, mas andar com um porrete". E andava mesmo. No meu carro, quando o tinha, sempre andava com um porrete na porta e já me livrei de assaltos por isso, então, acredito por característica. Porém passei por situações em que realmente precisei da justiça, então descobri que a venda nos olhos da "moça" não passa de um pano sujo que serve para fechar os olhos de quem não quer ver. Não generalizo, é claro, até porque acredito que existem seres de luz que ainda conhecem o valor do ser humano, porém infelizmente são poucos e no meu caso, nesta situação, foram raros. Os raros foram ótimos, porém não eram as pessoas que decidiam as situações.

De início, quando descobri que não tinha mais a guarda do meu filho e fui expulsa de casa, consegui o auxílio da defensoria pública. Porém, eles mesmos me aconselharam a buscar uma advogada particular que poderia me auxiliar melhor em vários aspectos que eles não poderiam. Na minha situação era totalmente inviável pagar por um advogado e então os próprios conselheiros me disseram para pedir auxílio nas rádios. Agradeço até hoje por esta sugestão, porque foi o que me ajudou. Fui falar com o Sérgio Zambiasi, pessoa muito famosa por seus programas na rádio e trabalho beneficente aos ouvintes. Expliquei a situação na recepção e em segundos já estava falando com o próprio comunicador, que não se utilizou desta história para fazer chamadas na programação. Ele sequer divulgou por acreditar ser um processo sigiloso, procurando o bem-estar do menor.

Admito que nunca fui fã do Sérgio Zambiasi e por vezes falei que ninguém deveria escutar aquele programa de "desgraças". Vejam que ironia do destino. Logo eu, que falei isto por vezes, fui parar lá e fui muitíssimo bem atendida por ele, uma pessoa que se sentou para me escutar, me aconselhou e fez perguntas. Ele simplesmente se mostrou quase que um amigo naquela hora em que eu estava sozinha. Lembro bem que não só me escutou como se interessou pelo caso e ligou para um conhecido advogado na mesma hora, explicou a situação e resolveu meu problema, pelo menos naquela hora. Ele me indicou para um advogado de confiança que me acompanhou até o final do processo. Eram dois profissionais, Arthur Alfaro e Rafael Fleck. São os raros de que falo. Fizeram de tudo o que podiam, me auxiliaram em todas as horas que precisei, abraçaram a causa e foram junto comigo até o resultado. Durante o processo eles não faziam somente o que tinham que fazer, iam além disto. Eles me auxiliaram como ser humano, me aconselhando a cada etapa.

Cris Souza...

Cadeado no portão

...

Lembro das primeiras vezes em que fui ver meu filho após receber o livre acesso a ele. Fui à casa da Gorete para me arrumar e visitá-lo. Sabia que seria difícil, afinal eu teria que ficar dentro da casa dos meus pais, porque não tinha liberação para sair de lá com o meu próprio filho. Enfim, me arrumei e comecei minha longa caminhada. Sabia que teria que caminhar muito, então já tinha me preparado psicologicamente para enfrentar tudo isso. Caminhei mais ou menos 1h30min para chegar até lá. Quando cheguei, a decepção, encontrei pela primeira vez um cadeado enorme no portão principal, coisa que nunca tinha acontecido. Cheguei lá e estava tudo fechado. Chamei, toquei a campainha e nada. Fiquei um tempo sentada na calçada, pois eu pensei que eles pudessem ter saído e já estariam retornando. Afinal, sabiam que eu iria naquele dia e horário. Após um tempo uma vizinha veio me falar que eles haviam saído pouco antes de eu chegar. Permaneci mais ou menos 40 minutos ali e fui caminhando até a delegacia prestar queixa, tirei fotos do cadeado no portão, das portas e janelas fechadas e da garagem do carro vazia. Enfim, tudo para mostrar que não havia ninguém ali. Na delegacia eles falaram que não poderiam fazer nada porque no livre acesso não havia horário estipulado. Então eles também estavam no direito de sair. Disse que eu havia avisado que iria e mesmo assim não adiantou. Aquela ocorrência não valeu de nada.

Cris Souza...

Voltei na casa deles, fiquei mais um tempo lá e iniciei minha caminhada novamente. Todo o tempo até chegar na Gorete eu fui telefonado e os aparelhos só desligados. Naquele dia não consegui falar com meu filho, na segunda visita eu consegui entrar para vê-lo. Quando cheguei meus pais não me deram nem "oi" e confesso que nem eu a eles. Nem caberia nada disso ali, só queria ver meu filho. Porém, minha mãe ficou o tempo todo grudada ao nosso lado. Tudo o que eu falava ou fazia ela retrucava. Um pouco antes de eu ir embora fui dar banho no meu filho e percebi que ele ganhara uma toalha linda do Grêmio, time para o qual torcemos, então fiz um comentário. Lembro exatamente das palavras: "Que linda esta toalha, meu filho", ele logo falou que era original e que ganhou dos avós, que pagaram bem caro por ela, e saiu outro comentário da minha parte que dizia: "É, o que não se faz para querer comprar o amor, né". Exatamente nesta hora minha mãe entrou no banheiro gritando, falando que se eu ia continuar falando estas coisas, eu poderia ir embora porque ninguém me queria ali. Ao mesmo tempo sinalizei que tinha livre acesso e ela não poderia me mandar embora, mas ela alegou estar em sua casa e ali fazia o que ela queria e eu tinha que obedecer.

Novamente, depois de algumas ofensas, apanhei na frente do meu filho, que ficou muito assustado. Minha mãe sequer se preocupou com ele, uma criança que estava ali saindo do banho, conversando com a mãe que estava longe. Ela simplesmente "montou" em cima de mim na mesma hora em que meu pai chegou em casa e sem nem saber ao certo o que estava acontecendo foi ao auxílio dela. Ali eu novamente apanhei e só saí da casa porque um vizinho entrou e me tirou. Quando entrei na casa do vizinho eu liguei para o meu advogado, que foi ao meu encontro e me levou ao hospital. Meus pais haviam quebrado meu braço direito e eu estava com muitos vergões pelo corpo. No HPS de Porto Alegre tive que colocar gesso para depois ir à delegacia prestar queixa e depois ao Instituto Médico Legal fazer exame de corpo delito. Quando me perguntavam o que havia acontecido eu tinha muita vergonha de falar que aquilo ali foi causado pelos meus pais e quando falava as pessoas não acreditavam. Cheguei a escutar uma frase que nunca esqueço, "imagina que filha tu deves ser. Só podia estar drogada". Isso foi no mínimo humilhante de ouvir, mesmo sabendo que não era verdade, e que aquela pessoa jamais tinha me visto antes, a humilhação era a mesma. E, o pior, o que meu filho estaria pensando nesta hora? O que eles deveriam estar falando a ele? Tadinho, era apenas uma criança assustada.

Mesmo após tudo isso, acredite, não consegui nada na justiça. Somente um anexo no processo e um novo processo por lesão corporal, onde eles foram condenados, mas até isso acontecer o processo estava quase no final e acredito não ter feito diferença para o resultado. Ainda tive que escutar deles no tribunal, que eu mesma deveria ter dado mau jeito no braço, para falar que foram eles. Esta foi a defesa sem cabimento que, claro, devido ao exame de corpo delito, não passou. O exame tinha comprovado a agressão. E como voltar neste lugar após tudo isso? Eu realmente estava com medo do que poderia me acontecer porque, apesar de eles terem alegado no processo que eu sofria de surtos psicóticos, o que nunca foi comprovado porque não é verdadeiro, eles que estavam apresentando um quadro semelhante, e pior, estavam com meu filho lá dentro sem eu poder fazer nada.

Minha vontade era pegar meu filho e sumir para acabar com tudo isso, mas eu jamais viveria fugindo com uma criança sem nunca ter motivos. Jamais faria meu filho viver desta forma e precisava provar o contrário para acabar com tudo. Precisava enfrentar, mesmo que com medo do que pudesse acontecer. Mas para retornar eu recebi orientação do meu advogado para levar alguém junto comigo. Na época ainda era tudo muito complicado e a raiva prevalecia, então o advogado decidiu ir comigo na visita seguinte. Antes de eu ir eu liguei, avisando que estava saindo. Daria aproximadamente 20 minutos até chegar. E eles sumiram novamente. Quando eu cheguei o cadeado estava no portão e uma tia que mora na casa da frente me avisou que eles tinham ido para a pracinha da Intercap (bairro próximo a casa). Ela falou que era para eu ir até lá porque ela não poderia abrir o portão para mim, pois eles tinham deixado o recado para não deixar eu entrar lá quando eles não estivessem.

Na mesma hora fui até a praça e não os encontrei. Andei por todas as praças do bairro mais de uma vez e nada. Voltei na casa e a versão era a mesma, de que eles estariam na praça da Intercap. Voltei nas mesmas praças e não os encontrei. Como o advogado estava junto, fomos na mesma hora para a delegacia, fizemos a ocorrência e fomos para o foro do Partenon pedir busca e apreensão do meu filho. Chegando ao foro, eu deveria dizer onde meu filho estava para pedir a busca, caso contrário não teria como. Eu não sabia, e então não consegui entrar com o pedido. Porém, neste dia, após apresentar todas as coisas que eles estavam fazendo, eu consegui um avanço, ou não. Na verdade, o juiz estabeleceu dia e hora para visitação e eu poderia tirar ele de lá para passear. Não precisaria mais entrar na casa deles. Assim, se eles não estivessem no local, ficaria registrado como crime. Mas ao mesmo tempo me senti muito mal. Onde já se viu uma mãe ter dia e hora para ver o próprio filho? Nem com meu ex marido, que eu teria motivos de sobra para fazer isto, eu o fiz, justamente porque acho o

66

cúmulo os pais terem dia e hora para verem seu filho. Acredito que os direitos são iguais neste sentido, tanto os pais quanto os filhos devem ter livre acesso entre si. Sempre achei absurda esta história de final de semana para um e outro. Surgem brigas entre casais, privando e usando os filhos como desculpas para se afrontarem. Os filhos não têm culpa da ignorância de seus pais, mas infelizmente eles pagam por tal, o que na minha separação fiz questão de mudar. O pai do meu filho sempre teve livre acesso a ele e sempre que ele quis visitá-lo, eu estava lá para recebê-lo da melhor forma possível, para que aquele momento fosse prazeroso para meu filho principalmente.

Agora era eu quem estava do outro lado, me sentindo presa a horários e critérios de uma ignorância cultural. Mas nem isto fez com que as coisas mudassem assim da noite para o dia, porque eles conseguiram sumir nos dias de visita. Na primeira vez que tentei pegar meu filho e ficar com ele na casa da Gorete, foi traumatizante. Meu pai falou que deixaria ele lá comigo, porém ao chegar na frente da casa ele mandou meu filho ficar no carro e só deixaria ele descer e ficar comigo (mesmo no dia e hora fixado pelo juiz), se eu assinasse um papel feito por ele à mão, onde dizia que qualquer coisa que acontecesse à criança seria de minha responsabilidade e que eu me comprometeria em deixá-lo no horário tal na casa deles novamente. Eu não assinei o papel e ele começou a gritar na frente da casa da Gorete. A briga chegou a tanto, que a mãe da Gorete, uma senhora de 70 anos, totalmente ética e de caráter indiscutivelmente justo, saiu na rua de vassoura para expulsar meu pai de lá e me defender. Mas quando ele ia arrancando o carro eu entrei na porta de trás com meu filho e fomos parar na delegacia e após no foro.

Cris Souza...

Aquele dia parecia não acabar mais. Perdi o dia de ficar com meu filho. O sobrinho da Gorete estava esperando para brincar com ele, a mãe dela tinha feito um lanche que meu filho gostava muito para esperá-lo e a casa estava em festa para recebê-lo, mas ele nunca soube disso. Após isto tudo, meus pais entraram com um pedido para que meu filho não pudesse ficar na casa da Gorete nas visitas, alegando que aquela casa não tinha as condições mínimas necessárias para uma criança. Uma casa onde eles nunca entraram, onde eles não conheciam as pessoas que nela moravam e não faziam ideia de que lá todos prezam pela paz e harmonia da família, família esta que me acolheu de braços abertos quando eu precisei, família esta que é digna de todo o meu carinho, amor e respeito, uma casa muito simples mas de muito respeito e energia positiva. Pessoas das quais cito os nomes por serem dignas da minha admiração e amor para o resto da minha vida, Gorete e Vera, duas irmãs batalhadoras e unidas cuidando da mãe, dona Tereza, a Tetê. Uma senhora de muita sabedoria, brava e exigente, porém muito afetuosa no trato com as pessoas que ama e, principalmente, justa. Também tinha o Franklin, filho do Leonel, irmão mais tímido que não convivia muito. Porém o Franklin que morava ali era um menino amigo do meu filho, que por ser maiorzinho entendia o que se passava e distraía meu filho quando estava lá. Obviamente o pedido deles foi negado e eu conseguia levar meu filho para a casa da Gorete e para onde eu achasse melhor ele ir.

Antes mesmo da audiência seguinte ainda houve novo sumiço em dias de visita. Em outro final de semana fui pegá-lo para passar comigo e ao chegar lá não havia ninguém em casa e os vizinhos não sabiam de nada. Os telefones estavam todos desligados e o mais óbvio era pensar que eles teriam ido para a praia de Cidreira, onde meus pais têm casa. Na hora liguei para o advogado e fui até o escritório dele, que fez o pedido de busca e apreensão com o endereço da praia. Eu teria o sábado e domingo para ficar com ele, mas a esta altura já era sábado meio da tarde quando entramos com o pedido. Porém, o pedido foi negado porque eu devia ir até lá e fazer o pedido no foro da cidade onde ele se encontrava. Na hora eu não tinha dinheiro para ir até Cidreira. Mesmo assim o advogado fez o pedido e falou que mandaria por e-mail para o foro de lá. Ele fez todo o pedido novamente e logo recebeu a informação de que, devido ao horário, já era sábado à noite, 20h, o juiz não estaria no local e só conseguiria a liberação para a busca na segunda-feira.

Aquilo parecia um pesadelo. Uma alternativa era eu ir até o litoral com o papel dos dias de visita e ir direto na delegacia, desta forma os policiais iriam até o local e fariam a busca. Eu teria que aguardar na delegacia do litoral e depois retornar com ele para Porto Alegre. Devido à confusão, e meu estado emocional debilitado por conta do cansaço físico e possíveis traumas que poderia causar no meu filho com uma ação destas, meu advogado me aconselhou a não fazer isto e esperar. Assim entendi que esta seria realmente a melhor decisão e entramos com uma ação criminal contra eles por desacato a decisão judicial. Esta ação foi anexada ao processo e logo eles foram chamados ao tribunal, recebendo a informação de que com mais um desacato destes eles perderiam a ação indiscutivelmente. Lembro que desta vez eles passaram a semana inteira na praia e eu não consegui pegar meu filho, nem nos dois dias da semana que era devido. Somente após este chamado pelo juiz eles pararam de sumir com meu filho e consegui regularizar as visitas.

Primeira noite ao relento

...

Meu Deus, descobri a triste sensação de andar na rua e não ter para onde ir. Sabe quando seu corpo está cansado, quando você fez muitas coisas o dia todo e precisa chegar em casa, tomar um bom banho, comer algo e ir se deitar na sua cama quentinha?

Pois então, foi tudo o que pensei. O detalhe era de que eu não tinha um endereço, não tinha para onde ir. Esta tal cama quentinha, um bom banho e descanso era só o que eu queria, mas era tudo o que eu não tinha. Comecei a caminhar e pensar no que fazer. Sabia que várias pessoas podiam me receber em suas casas. Claro que nenhuma destas pessoas me negaria estada. Porém, eu me sentia humilhada e sozinha. Assim, nada fazia sentido, nenhuma casa seria meu canto, nada faria a diferença. Foi quando, caminhando, olhei para os lados e percebi que estava em um local seguro. Pelo menos me sentia segura ali e até hoje, quando passo pelo local, tenho a mesma sensação de segurança. Este ali era um banco do Parcão – Parque Moinhos de Vento. Ali eu caminhava todos os dias, ali eu sempre via movimento, foi quando parei em frente a uma farmácia Panvel 24 horas com seguranças, câmeras, em frente a um ponto de táxi movimentado em uma rua movimentada da cidade.

Cris Souza...

Decidi me sentar, fiquei por horas esperando por alguma ligação que não veio, mas alguma ligação que me tirasse dali algum convite para eu voltar para onde estava, ao lado de quem eu estava e tinha brigado há pouco. Mas esta ligação não aconteceu. Acabei pegando no sono sentada. Dormi e acordei ali naquele banco frio e duro. Por incrível que pareça, o fato de o banco ser frio e duro não era nem de perto a pior coisa, e sim o fato da solidão de quando estamos tão perto de alguém e ao mesmo tempo tão longe. Desta noite em diante percebi que nenhuma dor é tão grande do que a dor da solidão, do fracasso, da desilusão. Esta é uma dor que não tem remédio. Esta dor passa devagar, mas a lembrança fica para sempre como uma marca do que aconteceu na sua linha da vida, uma cicatriz profunda que você não precisa sequer vê-la para saber que está ali.

Cris Souza...

Ligações cronometradas

...

Uma das piores dores de uma mãe, talvez a pior, é a solidão em estar longe do filho, louca para abraçá-lo e dizer que está tudo bem. Porque, quando não se está por perto e principalmente quando ele está com pessoas em quem você não confia, existe uma sensação de incapacidade enorme que revela um sentimento jamais tido antes. É uma sensação de impotência, inutilidade, que traz um vazio no peito, uma agonia inexplicável. Lembro que todas as vezes que eu ligava para meu filho, quando ele atendia o telefone tudo passava, a agonia ia embora por alguns minutos e meu coração acelerava, trazendo uma vontade incontrolável de chorar desesperadamente. Eu queria falar com ele e ao mesmo tempo não conseguia porque o choro corria mesmo sem querer.

Lembro uma vez onde ele me pediu para eu não chorar e eu dizia que não estava chorando, mesmo assim ele insistiu porque conhece minha voz e sabia que eu estava triste. Assim, ele dizia que também ficava triste porque eu chorava. Então, a forma mais fácil de eu não o deixar triste e conseguir falar com ele, era ligar e ficar falando apenas o necessário, sem falar em sentimentos e sim no que ele havia feito durante o dia. Assim que eu percebia que minha voz começava a mudar e não conseguiria mais segurar o choro, falava para ele que tinha que ir trabalhar e teria que desligar, mas depois ligaria novamente. Então, desligava o telefone e ficava horas abraçada no aparelho, chorando quietinha, planejando os novos passos para me fazer sair daquela situação. Aos poucos fui conseguindo aumentar o tempo das ligações, porque fui aprendendo a segurar o choro, sabendo que isso me faria ficar mais tempo ouvindo sua voz.

Cris Souza...

R$0,40

•••

A fome é um grande vilão de quem quer e precisa se manter forte mesmo sem nada de dinheiro. Lembro de um episódio muito claro em minha memória, em que pela primeira vez vi meu filho com fome e eu não tinha absolutamente nada para dar a ele. Isso só aumenta a certeza de que naquela hora você não é nada. Mas foi então que me peguei com R$ 0,40 na bolsa. Era o troco da passagem do ônibus. Estávamos eu e ele aguardando uma carona que havíamos conseguido para levá-lo na casa dos avós. Enquanto a carona não chegava, ele reclamava de fome. Então revirei a bolsa, mas eram apenas aqueles R$0,40 mesmo. Olhei para frente e avistei o supermercado Nacional. Entramos e ficamos procurando algo no valor que tínhamos para ele comer. Não encontramos nada. Fui até a padaria e pedi um pão francês, que tinha o valor por peso. Incrivelmente até o pão francês era mais caro. Resolvi pedir que a moça procurasse o menor pão que ela tinha no balcão para ver se conseguia fechar o valor. Ela pegou um pão bem pequeno e conseguimos achar o "pão ideal". Lembro que tinham várias pessoas na fila. Ficaram olhando e julgando como idiotas que não sabem o que é passar trabalho na vida. Naquele instante pensei: Poxa, quantas vezes eu ajudei pessoas de rua para não passarem fome ou coisa parecida. Quantas vezes, meu Deus? E agora nenhuma destas pessoas é capaz de nos ajudar. Pelo contrário, ficam te julgando e analisando por não ter dinheiro.

Cris Souza...

Nesta hora percebi que meus valores são magníficos porque, por mais que um dia eu tivesse ajudado alguém, na hora só pensei em sentir pena destas pessoas sem compaixão, enquanto poderia ter ficado brava ou coisa parecida. Também fica o aprendizado de que realmente devemos fazer o bem sem esperar nada em troca, para que não tenhamos decepções. Sentamos eu e meu filho no muro em frente ao supermercado e ele comeu seu pãozinho, bem feliz. Ainda disse que nem poderia comer muito mesmo porque senão não iria conseguir jantar. Acho que nunca vou saber se ele fez estas coisas por perceber minha aflição e não querer que eu ficasse triste, ou se realmente ele pensou desta forma naquela hora. Em outras passagens de nossa vida neste período só pensava em trabalhar, fazer algum trabalho provisório mesmo, para que eu conseguisse chegar na próxima visita dele e ter o que dar de comer. Então eu juntava todo o dinheiro do dia em uma caixa que ficava embaixo das cobertas no armário.

Quando chegava o dia de buscá-lo, tinha o valor da passagem de ida e volta com ele e mais o valor para fazer umas compras, só coisas que ele gostava. Adorava levá-lo junto, comprávamos pão, catchup, queijo, salsichas, nuggets, pizza, massa, cebola, leite e achocolatado. O que nunca podia faltar em casa era arroz e bananas. Isso era tudo o que ele gostava e eu poderia comprar. Era nossa comida de final de semana. Quando conseguia, ainda comprava uma carne para fazer assada, como ele adora. Passávamos um final de semana maravilhoso, tínhamos comida, morávamos perto de tudo o que ele gostava sem precisar pegar ônibus ou gastar mais com algo. Passeávamos no Parcão, jogávamos bola, ele andava de pneu, brincava na terra e às vezes sobrava um dinheiro para comprar pipoca e dar aos patos e tartarugas no lago do Parcão, como ele adorava fazer. Quando ia chegando ao final do dia eu ia organizando as coisas dele para levá-lo, já com uma tristeza enorme. Íamos correndo para a parada de ônibus, que ficava longe, mas era a única forma de pegarmos um ônibus e economizar. No caminho encontramos uma casa que tinha dois cachorros da raça scooby. Era um divertimento a mais para ele esquecer que a parada era longe. Ele adorava parar no portão e ficar vendo aqueles cachorros lindos e eu adorava vê-lo feliz, ao mesmo tempo que aliviava o desconforto de ter que fazer um garoto de oito anos passar trabalho com longas caminhadas. Quando o deixava nos avós começava a peregrinação.

Eram 12 quilômetros de volta para casa, normalmente feitos a pé e com muita calma. Lembro que uma das coisas que eu fazia era caminhar até cansar, o que acontecia rápido no começo. Quando cansava eu parava, fechava os olhos e lembrava de uma música que tinha em um comercial na TV que dizia assim, "550Km, 550Km, para um pouquinho, descansa um pouquinho, 550Km". Cantava esta música quando já não aguentava mais e por algum motivo minha mente entendia que eu estava bem e ali era o início de uma nova caminhada que logo acabaria. Assim percorri por diversas vezes o mesmo trajeto. Comecei então a perceber que eu tinha condições de muito mais. Comecei a agradecer ao motorista do ônibus T8 da Carris que me falou para ter vergonha de pedir carona e colocar minhas pernas saudáveis para caminhar. Porque foi o que eu fiz. Então percebi que eu conseguia e aos poucos as longas distâncias passaram a ficar curtas diante do problema que eu enfrentava. Lembram daqueles R$ 0,40? Pois então, passei a economizar nas passagens quando comecei a caminhar e assim nunca mais tive que escolher o "pão ideal" para alimentar meu filho. Cada passagem economizada era um saco de pão a mais no final de semana.

Nosso quintal preferido, passeios no Parque Moinhos de Vento,

o famoso Parcão! Eu e o meu filhão.

Cris Souza...

Momento de desespero

•••

Nós somos de carne e osso e temos valores, mas em alguns momentos de desespero na vida, alguns valores mudam e dão espaço para coisas que você jamais imaginaria fazer em sã consciência. Falando com uma pessoa, escutei que só não tinha dinheiro porque não queria, porque eu tinha alguns dons que muitas pessoas gostam e poderiam pagar muito dinheiro por isso. Enfim, na hora fiquei brava com a certa "dica" que veio quase como um agenciamento de programa com valores bem altos, com o qual eu me reergueria fácil. Eu, como sempre, virei as costas e dei atenção para os meus valores, falando que jamais faria tal coisa para ganhar dinheiro. Porém, me peguei em meu apartamento em uma semana onde não tinha conseguido vender nada, não tinha entrado dinheiro nenhum e eu teria que pegar meu filho no sábado e no domingo. Foi então que pensei muito e decidi passar por cima do orgulho e procurar pelo dinheiro que haviam me falado. Fui caminhando quilômetros até uma das casas noturnas mais caras de Porto Alegre, onde garotas faziam programas altíssimos e tinham muito dinheiro. Decidi entrar e ver como funcionava. Lá tudo parecia maravilhoso. Eles davam cabeleireiros, manicures, jantar e possibilidades de muitos ganhos. Optei por ver o que aconteceria.

Chegando ao salão, ao fundo da boate, me deparei com garotas que pareciam modelos. Tinham tudo à disposição, desde o

Cris Souza...

pé até o cabelo e maquiagem. Garotas bem vestidas, com roupas de grandes marcas. Várias chegavam com roupas sociais, muito bem vestidas. Aos poucos fui me entrosando e descobri que ali chegavam mulheres que se diziam grandes advogadas, médicas, engenheiras, dentre tantas outras profissões que não tinham nada a ver com programas, mas descobri que eram destes programas que elas ganhavam o maior valor de seus rendimentos. Chegavam com carros importados e lá dentro se transformavam em outras pessoas. Da roupa social à nudez em segundos, com maquiagens transformadoras, que não era possível saber quem era quem. Até lá consegui fazer amizades com meninas que vieram me conhecer, contar um pouco de como é lá e como funcionam na prática as negociações. Fiquei por horas só observando, reconheci duas pessoas de meu convívio, inclusive o namorado de anos de uma amiga que pelo que percebi era cliente assíduo da casa. As pessoas vinham falar comigo e chutei o valor lá em cima porque já que estava ali era para ganhar o dinheiro que precisava.

Por esporte jamais estaria, e sim por necessidade. Foi então que um rapaz aceitou minha proposta. O pior de tudo, ou melhor pelo meu lado, foi que ele estava tão bêbado que queria apenas conversar. Conversamos por 20 minutos e descobri que ele é um rapaz lindo, rico e infeliz demais por se sentir sozinho e estar sem suas filhas. Depois destes 20 minutos ele pagou e me liberou. Peguei aquele dinheiro e fui embora correndo. Em poucos minutos ganhara R$ 1.000,00 para conversar. Mas jamais julgando ou menosprezando as pessoas que lá estão trabalhando ou frequentando, eu realmente percebi que não era ali que eu devia estar. Peguei um táxi e fui para meu apartamento, tomei tantos banhos que perdi as contas, passei dois dias trancada em casa, chorando e tomando banho. Tinha muito nojo de ter ido até lá,

79

mesmo sem ter feito o programa em si, mas estava me achando um nada por fazer parte daquilo. Era um vazio tão grande que eu decidi ficar ali sozinha. Não atendia telefone, campainha, nada. Foram os dois dias mais insuportáveis e intermináveis dentro daquele apartamento. Achei que ia pirar. Até uma amiga aparecer e ficar falando comigo da janela. Aí eu parei e pensei: poxa, já passou, pelo menos agora você tem a certeza de que lá não é seu lugar e de que nem todo o dinheiro é bem-vindo. Porque foram os R$ 1.000,00 mais trabalhosos que já ganhei e os mais fáceis.

Pelo menos agora ficou o aprendizado de que nem tudo tem preço nesta vida!

Cris Souza...

O shake da Herbalife

...

Um amigo me convidou para fazer parte da Herbalife. Eu, com certeza nunca havia pensado nisso e nem teria condições de fazer parte naquele instante, pois qualquer dinheiro que entrava era apenas para a comida e eu não teria como pagar para começar qualquer negócio. Mas um dia, este meu amigo, e sua namorada, foram até minha casa e me convidaram para ir a uma reunião porque eles pagariam tudo, inclusive o jantar que lá teria, pois já sabiam que eu não teria como ir. Decidi ir para saber como funcionava e, não vou negar, era uma possibilidade de um grande jantar. Chegando lá, realmente percebi que estava fora das minhas condições e que eu não faria o negócio. Mesmo assim ele insistiu para que eu entrasse e se ofereceu para me dar o valor de R$ 280,00 que seria para fazer parte do negócio. Com isso, eu ganharia um kit onde vinha um shake muito famoso por ser um ótimo alimento. Assim, não tive dúvidas. Entrei no programa e realmente pensei em seguir.

Recebi o meu shake que, acreditem ou não, foi uma grande salvação. Era o alimento que eu tinha durante a semana enquanto meu filho não estava comigo. Foi o shake da Herbalife que me manteve durante pelo menos um mês. Na receita falava para tomar com leite, mas o leite estava caro e eu não tinha, então fazia o shake com água mesmo. Não vou negar que com água era ruim. Com o leite ele era maravilhoso, mas com água eu tinha mesmo era que imaginar que estava colocando leite para não desistir. Esta foi a única vantagem do shake na minha vida até então. A experiência de fazer parte do grupo foi péssima porque após ganhar o valor do kit, só após isso, foram me falar que eu era obrigada a comprar um kit inicial para começar a comercializar. Este kit tinha como valor mais baixo, R$2.500,00. Ora, se eu tinha que economizar passagens, caminhando quilômetros, ficar sem comer na semana para dar de comer ao meu filho e outras coisas mais, como eu teria R$2.500,00 para aplicar em um negócio assim? Lembro que a pressão foi tanta para que eu fizesse o negócio que a pessoa chegou a me levar a uma financeira e queria que eu tirasse um empréstimo a juros para conseguir o dinheiro.

Novamente pensei: nossa eu jamais faria isto com alguém nesta situação. Dentro dos meus valores percebi que não poderia fazer um negócio destes, até mesmo porque não era meu propósito. Eu tinha uma profissão e sonhos a realizar e isso não fazia parte de nada do que pensei, além de estar sendo pressionada de uma forma que não achei ética. Enfim, agradeço até hoje esta pessoa, primeiro por me oferecer e patrocinar meu alimento de quase um mês, depois por me fazer perceber que eu realmente tenho valores e tenho que seguir acreditando neles. Mas, em principal, por ele achar de alguma forma que poderia me ajudar a sair da situação em que me encontrava, valeu o esforço e tenho certeza de que ele fez o melhor que poderia fazer.

Grata!

Cris Souza...

A conquista de um diploma

...

Diante de tantos problemas, acabei por optar em concluir minha faculdade. Faltavam algumas cadeiras que no total daria um semestre e meio. Mas eu queria concluir tudo no mesmo semestre. Seria uma forma de eu me sentir melhor, realizando um sonho que era a conclusão da graduação e ao mesmo tempo teria uma válvula de escape, já que estudar é uma coisa que eu adoro fazer, quase um hobby. Foi então que eu decidi fazer todas as cadeiras da noite e mais duas pela manhã. Eu estudava muito. Além dos estudos eu tinha exercícios diários: fazia caminhadas de oito quilômetros para ir e mais oito quilômetros para voltar para casa. Durante a faculdade eu conseguia algumas caronas e tinha uma pessoa, um companheiro, que por vezes estávamos juntos e outras não. Ele era professor desta faculdade e quando estávamos bem eu ia e voltava nas aulas da noite com ele.

Mas lembro que por muitas vezes saía da aula às 22 horas e tinha que voltar a pé, passando por bairros e ruas não muito aconselháveis. Minha tática então foi andar sempre pelas principais avenidas, sendo que uma delas era uma avenida de muitas garotas de programa e boates. Passava pela avenida Farrapos por quase todo o percurso. Ficava um pouco mais distante, mas era mais seguro. Ali acabei me fazendo ser vista pelos seguranças da avenida que tinham total respeito pelas meninas e por quem eles viam, que

Cris Souza...

não fazia programa, mas precisava passar por ali. Então era fácil. Bastava respeitá-las, cumprimentar e passar sem parar. Assim, me sentia um pouco segura até chegar ao meu apartamento e poder descansar em paz.

Como eu estava fazendo cadeiras em mais de um turno na faculdade, tinha que ter um trabalho sem horário fixo. Assim, conseguia fazer trabalhos autônomos na área do marketing e vendas para conhecidos. Já trabalhava com treinamentos comportamentais aos finais de semana e durante a semana eu comecei a vender escovas progressivas para salões de beleza. Além de caminhar muito, carregava junto os produtos para demonstração. Passava de salão em salão, ao longo do trajeto que já era de costume, vendia para quase todos eles. Aprendi a fazer demonstração do produto para poder fazer nos clientes e não depender do técnico. Assim, minha comissão era maior. E foi assim que eu comecei a ter dinheiro novamente para ficar mais tranquila, pelo menos quanto à comida e aluguel.

Nesta época as coisas começaram a melhorar e eu comecei a me preocupar com o meu TCC – Trabalho de Conclusão de Curso. Fazia sete cadeiras na faculdade e mais o tal trabalho que eu adorava fazer. Foi fazendo o meu TCC que eu percebi o quanto gosto de escrever, o quanto me inspiro com o aprendizado e com as vivências, minhas e dos outros. O tema do meu TCC foi "Um estudo do ambiente de serviço mercadológico do treinamento Conexão Alpha 10", onde o meu problema era saber "Como as percepções sensoriais estimuladas pelo ambiente mercadológico de serviço do treinamento Conexão Alpha 10, podem influenciar emocionalmente seus participantes?" Posso dizer hoje que este trabalho foi importante principalmente por dois motivos na minha

Cris Souza...

vida. Ele foi realmente um divisor de águas. Percebi durante a pesquisa mercadológica qual é minha missão de vida e o trabalho que devo seguir, o que eu realmente me aprofundei e hoje se tornou um sonho realizado. Mas na época este trabalho foi importante para que eu seguisse em frente, acabando com meus momentos depressivos, com minhas agonias e solidão. Minha vida se tornou controle de horas para ficar com meu filhão, trabalho, faculdade e desenvolvimento do TCC através de leituras intermináveis e desenvolvimento da escrita. Fiz questão de desenvolver absolutamente tudo por conta própria, inclusive as tais normas da ABNT, que todos temem tanto.

Passei feriadões desenvolvendo, lendo e pesquisando sobre o assunto e a cada leitura aprofundava mais e mais na área da psicologia cognitiva. Acabei descobrindo uma paixão que não sabia que existia e fui a fundo com isso. Tive um orientador, o professor Elimar Teixeira Krömer, que foi muito especial no auxílio da elaboração do meu trabalho. Lembro que ele me deixou livre para escolher tema, pesquisa etc. Ao chegar na pré banca um dos professores falou que meu trabalho não estava de acordo com o curso, pois tratava de assuntos da psicanálise. Assim, eu deveria ter cuidado e quem sabe até trocar o assunto. Ora, como poderia eu trocar de assunto? Estava certa de todo o meu encantamento pelo trabalho e sabia da real existência do marketing junto à psicologia para desenvolver ambientes mercadológicos agradáveis e eficientes. Cheguei à conclusão de que ele não soube ver a essência do assunto, e até hoje sigo na mesma opinião. Me realizei tanto que passei feriados inteiros trancada em meu apartamento sozinha em frente ao computador e muitos livros.

Cris Souza...

Em um dos feriadões, era Carnaval, passei de uma sexta-feira à quarta-feira, dia e noite, lendo e escrevendo minha tese. Na madrugada minha imaginação fluía e só ia me deitar ao raiar do dia em minha janela. Aquilo ali me deu uma ocupação. Aquele trabalho foi mais que uma simples nota de final de curso, tanto que o que me preocupava não era a nota ou o que o professor falou na pré-banca, e sim o gosto e aprendizado que eu estava tendo ali. Eu não queria um grande "A" no meu trabalho e sabia que não aconteceria, porque eles mesmos já tinham falado que saiu do "foco" do curso de marketing. Até mesmo porque sabíamos, eu e meu orientador, que a faculdade em questão não abordou todos os assuntos pertinentes, tais como o neuro marketing que eu tanto abordei em meu trabalho e sequer tivemos pinceladas em alguma cadeira, o que seria o correto, mas não aconteceu.

Enfim, após noites e noites, muito carinho e atenção com minha tese, minha nota foi um grande C, onde se tem conceitos A, B, C como aprovado e D como reprovado. Mas o que me importou e ficou registrado foi que meu trabalho, dito por um grande mestre na sala, foi uma maravilhosa dissertação de mestrado, porém em psicologia. Nossa! Fiquei encantada e grata porque no meu conceito foi bem mais que um A. Quase não passei por acharem que meu trabalho perdeu o foco do curso em questão, mas o que importa é que eu concluí não só o curso, mas minha missão de vida com muita clareza e alegria ao entender que, este estudo me fez realizar grandes sonhos ao decorrer do tempo. Cheguei à conclusão de que o que importa é a essência do que sonhamos e do que somos, e ali ficou registrada toda a essência do que sou.

Minha conclusão na graduação não foi somente uma questão de notas, foi uma questão de orgulho de quem eu sonhei e conquistei ser, orgulho de concluir uma etapa tão importante da minha vida onde muitos falaram que eu não conseguiria e hoje até pós-graduada estou. Grandes realizações não acontecem somente com notas e sim com sentimentos!

Minha colação de grau aconteceu em gabinete. O sonho de subir ao palco e pegar um canudo em uma grande festa não aconteceu, mas também na hora se perdeu em meio à situação, pois como eu poderia pensar em gastar qualquer dinheiro que fosse com festa de formatura se, pensando friamente, faltaria para coisas mais importantes? E, também, eu não teria as pessoas que sonhei ao meu lado para ver tudo isso, então não passava de mera futilidade no meu caso.

Recebendo o diploma de treinadora comportamental do IFT

Cris Souza...

1ª resistência

•••

Para quem reclamava que o chuveiro queimava por ficar em média 20 minutos no banho pensando na vida, aprendi que as coisas podem realmente piorar. Antes era fácil. O chuveiro queimava e eu corria com o banho para acabar logo, porque logo depois bastava chamar alguém para trocar, normalmente meu pai. E incrivelmente no outro dia o chuveiro estava lá, novinho e quentinho para aguentar mais um bom tempo. Mas então chega o dia em que o chuveiro queima e você olha para ele, ele olha para você, e parece perguntar, "agora quero ver o que vai fazer?" Você lá naquela noite fria, sozinha e sem um centavo no bolso ou alguém para chamar e trocar o chuveiro e, nem adiantaria porque não tem um chuveiro reserva e nem dinheiro para isso.

Nossa! Que sensação terrível. O que fazer nesta situação que antes era tão fácil de se resolver e agora parecia mais que um enorme quebra cabeças? Na hora fiquei brava. Juro que me sentei no banquinho e chorei, parecia criança sem o brinquedinho. Não sabia se estava chorando de raiva, de frio ou de vergonha de mim mesma por estar passando por isso. Logo levantei e lembrei que ficar ali sentada não adiantaria nada. Decidi que a meta seguinte seria o dinheiro para comprar o chuveiro. Mas lembrei que estava perto do dia de pegar meu filho e o dinheiro ainda não dava para o que eu precisava, então fui verificar o valor de uma resistência e a

Cris Souza...

meta virou comprá-la. Nossa! Antes o chuveiro era barato e agora tenho que colocar o valor da resistência no caderninho de metas para poder tomar um bom banho. Mas acontece...

No outro dia ainda não tinha o valor, então tive que tomar banho de balde, esquentando a água no fogão. Durante o banho tive uma ideia. Ficaria tomando banho de balde até conseguir comprar o chuveiro todo. Assim passei dois dias com o baldinho, esquentando água e tomando meu banho bem rapidinho. Eis que o ditado que diz "não existe nada tão ruim que não possa piorar", é verdadeiro. No terceiro dia, ainda muito frio, fui esquentar a água e o gás acabou. É, piorou.

Fui comprar a tal resistência. Lembro ainda que tive que ir a duas lojas verificar o menor valor e acabei pagando R$ 9,00 com desconto à vista. Maravilha! Resistência na mão, agora era me virar para aprender a trocar. Olhem só que grande oportunidade eu tive. No primeiro momento me apavorei porque abrir o chuveiro já é complicado, ainda mais com a pressão de que a última coisa que eu queria era quebrar o chuveiro, o que parecia ser real diante a minha falta de habilidade. Bem, aos poucos consegui, me deparei com um sistema que me parecia super, híper, ultra moderno e irreconhecível, mas com o manual na mão ficou mais fácil e enfim troquei a primeira resistência de chuveiro. No final tive uma sensação maravilhosa. Não sabia se agradecia pelo fato de tudo ter dado certo e eu não ter ficado grudada nos fios ou pelo banho quentinho. Confesso que foi muito estranho e um chuveiro é mais complexo do que pensei. Foi mais uma vitória que parece boba, porém me fez ver que tudo é possível e que era mais uma independência adquirida. Mais uma atividade incrível realizada. Hoje eu troco não só a resistência como o chuveiro inteiro.

Cris Souza...

Montadora de móveis

...

Um dia consegui recuperar da antiga casa o meu guarda-roupas e minha cama. Neste dia fiquei feliz porque sairia do colchão no chão e teria um quarto. Mas aí fui pedir ajuda para montar, porque era tudo muito grande e eu nunca tinha feito isto. A pessoa que poderia me ajudar pediu para eu esperar até o final de semana porque teria mais tempo, então eu falei que esperaria, mas estava ansiosa para ver tudo pronto e não aguentei esperar. Passava pelo quarto e pensava: não deve ser tão difícil, é só encaixar os lados e parafusar. Fui à ferragem que tinha perto de casa e comprei as ferramentas para começar. Aos poucos fui verificando as partes e decidi, então, montar o guarda roupa no chão para depois levantá-lo. No começo era confuso, mas aos poucos fui me organizando e, acredite, consegui colocar as peças no local imaginando ser um quebra cabeça. Eu sabia que montar quebra cabeças na infância teria alguma importância ao longo da vida.

Foi legal ver aquele guarda roupa novamente. Já estava com bastante tempo de uso, mas foi o meu primeiro quarto sob medida. Lembro do dia em que o comprei e o orgulho que sentia em pagar as prestações. Isto me fez ter um carinho pelo móvel e muito cuidado ao montar. Assim, fui montando peça por peça, parafusando e cantando de felicidade por estar conseguindo

Cris Souza...

resgatar minhas coisas de que tanto gostava. Levei dois dias para montar o guarda roupa de seis portas, mais um aéreo acima da cama e duas cantoneiras. No chão ele ficou muito lindo, mas acredite, não pensei em nenhum momento na hora de levantá-lo, percebi que sozinha não conseguiria mesmo e então tive que esperar ajuda no final de semana. Quando o rapaz chegou, ele não acreditou que montei tudo aquilo sozinha e levamos um sufoco para conseguir erguer, mas aí foi tudo bem. O guarda roupa e a cama ficaram ótimos e o quarto ficou lindo, exatamente como pensei ao iniciar a montagem, sem nenhuma peça quebrada, tudo em ordem. Ao final da montagem eu comecei a limpeza dos móveis e do espaço todo, depois fui tirando roupa a roupa de dentro dos sacos de lixo onde estavam e coloquei tudo no lugar.

Nem preciso falar do orgulho que novamente senti de mim mesma por ter conseguido realizar mais uma tarefa. Novamente tive mais uma lição de vida que me mostrou o quanto eu posso vencer desafios e realizar coisas impossíveis. Comecei a ter noites bem dormidas e até sonhos eu tinha. Era tudo tão maravilhoso! Confesso que estava muito cansada e toda dolorida de ter feito força, fora a dor, tive vários arranhões e roxos pelo corpo, mas isto eram apenas marcas que me mostravam que eu consegui. Mesmo com dificuldades, eu consegui vencer este desafio e agora tinha uma cama para deitar e descansar o corpo dolorido.

Vazamento na cozinha

...

O apartamento que alugava era em um prédio muito antigo. Tinha o pé direito bem alto, uns 3m no mínimo, se não mais. A cozinha era estreita com azulejos brancos pequenos que iam até a metade da parede. A pia da cozinha seguia o mesmo padrão, tinha o balcão fixo de material com os mesmos azulejos das paredes. O balcão era de pedra com a cuba de fibra branca. Abaixo da pia ficava o esgoto, ainda dentro do apartamento. O detalhe era que no final do balcão, no chão deste, tinha uma banheira, pelo menos foi assim que apelidei. Ele era fundo e não tinha nenhuma saída de água. Eu abria o balcão apenas quando tinha que trocar o gás. Um dia comecei a sentir um cheiro ruim no apartamento e não sabia de onde vinha.

Passou um tempo e um dia eu estava lavando a louça e escutei um barulho de água muito forte, fui verificar e vi que saía água de um buraco da parede da minha cozinha para a rua, nos fundos do prédio. Corri para a cozinha novamente e abri o balcão, foi aí que vi que tinha muita água acumulada no fundo, água do esgoto que estava entupido. Era tanta água que atingiu o nível do buraco de saída de um cano para a rua, descobri então de onde vinha o cheiro ruim no apartamento. Tirei a água de baldinho e coloquei no banheiro, avisei o dono do apartamento para arrumar o esgoto, mas ele morava no interior e sempre ficava de vir e não

Cris Souza...

vinha. Toda vez que tinha que lavar a louça ou usar a pia para outras coisas eu precisava tirar água de baldinho. Tentei de tudo para desentupir o esgoto, colocava água sanitária, comprei produtos que diziam desentupir, mas não funcionavam, jogava água quente com detergente, enfim, dentre tantas receitas ensinadas nenhuma deu certo. Um dia cansei e resolvi abrir um buraco na parte debaixo do armário, um buraco pertinho do chão onde a água escorresse direto para a rua. Iniciei mais um trabalho duro que parecia ser fácil e aos poucos fui verificando que era muito difícil, pelo menos para quem não tinha a ferramenta certa para isto.

Depois de começar a furar, percebi que por ser um prédio muito antigo as paredes eram muito largas e fortes. Só o reboco da parede deveria ter de seis a oito centímetros, imagina os tijolos, que descobri serem deitados. Passava bastante tempo ali sentada no chão, quase dentro do armário, quebrando a parede. Com muito custo consegui, levei dois dias fazendo este trabalho aos poucos, no final não sentia mais minhas mãos, tinha quebrado todas as unhas e no mínimo estava com alguns roxos pelos dedos e calos nas mãos, que a estas alturas nem pareciam as minhas. Mas pasme, eu consegui realizar mais um serviço que nunca precisei fazer e achava que era muito fácil. Outra conquista, outro sentimento de total independência e alegria ao final. É claro que isto não era suficiente e o esgoto continuava dando trabalho e a água escorria direto na parede dos vizinhos, mas pelo menos o dono do apartamento foi bem mais rápido e resolveu o problema que não era só no meu apartamento, havia virado um problema geral do prédio. Fiquei feliz por ver que não fiquei parada ali esperando, fui resolver da melhor forma que eu acreditei que poderia fazer, verifiquei o material que me ajudaria e a forma que faria. Logo iniciei e quando percebi tinha acabado mais uma etapa.

Cris Souza...

Brinde a rolha

...

Lembro do primeiro Natal no apartamento. Eu estava cuidando as datas dos finais de semana para ficar com meu filho no Natal. Consegui falhar um final de semana planejando acertar os dias. Como estava tudo certo, eu montei a árvore de Natal, comprei enfeite para a porta e arrumei o apartamento para esperar a meia noite ali com meu filho. Estava empolgada, comprei presentes para ele, pendurei na árvore os carrinhos *Hot Wheels* que ele adorava e só faltava a ceia que deixei para comprar no dia e pegar tudo bem novinho. Eu estava em fase final na faculdade e precisava concluir meu trabalho de conclusão de curso. Lembro que fiquei dois dias sem dormir, mais de 48 horas lendo e escrevendo o trabalho para poder ficar só com meu filho o Natal inteiro, sem me preocupar em escrever ou pesquisar algo para o trabalho. Porém, no início da semana do Natal, faltavam três dias, um oficial de justiça apertou a campainha. Lembro do rosto dele e das palavras até hoje. Ele foi levar a decisão de que meu filho passaria o Natal com os avós na praia. Eles decidiram ir para a praia e então entraram com o pedido sem me avisar. O juiz sequer tentou verificar minha programação e decidiu o meu Natal, o pior de todos até hoje.

Peguei aquele papel e lia e relia e parecia não acreditar, tudo aquilo para nada, este foi mais um momento de depressão total. Chegou no dia do Natal e eu não consegui falar sequer por telefone

Cris Souza...

com ele, pois os telefones estavam todos desligados. Fiquei tentando por horas e nada. Ligava e desligava, ligava e desligava, até que chegou a hora em que fui ao mercado e decidi comprar um espumante e um panetone, afinal eu tinha que comer e beber algo, pelo menos assim poderia ser que eu esquecesse um pouco de tudo o que estava acontecendo por algum tempo. Estava chegando perto da meia noite e eu estava deitada no sofá, ainda tentando ligar, e nada. A rua estava silenciosa e por alguns instantes achei que ia pirar ali, sozinha, isolada de tudo. Cada mensagem de Feliz Natal que eu recebia dos amigos, pensava ser ele e quando via que não era ficava brava e nem respondia. Enfim decidi me levantar, tomar um banho e me arrumar para comemorar o meu Natal. Levantei e foi o que eu fiz, me arrumei, coloquei o melhor vestido, me maquiei, arrumei cabelo, coloquei anéis, brincos, pulseiras e até salto alto. Quando fui pegar a espumante, lembrei que não tinha saca rolhas, foi mais uma decepção. Poxa, como abriria a garrafa? Pensei em pedir a algum vizinho, mas percebi que estava sozinha no prédio todo. Fui procurar opções na internet e não achei nada muito bom, batia no fundo da garrafa, sacudia, fiz tudo o que falavam para fazer e nada adiantou. Imagine o que é a força do pensamento, quando estava desistindo larguei a garrafa com um pouco de força na mesa e incrivelmente ela abriu. A rolha estourou!

Nossa! Que alegria! Eu poderia então pelo menos beber para brindar que eu consegui abrir a garrafa. Passei a noite sentada no sofá ao lado da árvore de Natal. Fiquei ali sem nenhum barulho, escutando os fogos e cuidando para ver se o telefone tocava para eu falar com meu filho. A noite passou, o telefone não tocou e eu nem lembro em que momento de tudo isso eu peguei no sono.

Cris Souza...

Eterna viagem de Ano Novo

...

Após todo o sofrimento do Natal, no mesmo papel levado pelo oficial de justiça avisando que meu filho passaria o Natal na praia dizia que eu poderia ficar com ele no Ano Novo. Porém, teria que pegá-lo na praia e levá-lo na mesma praia no mesmo dia. Pensa na seguinte situação: Há pouco tinha iniciado um trabalho de supervisora em uma ótima empresa, ainda estava no contrato de três meses e neste trabalho, eu estava com o carro da empresa. Lembro que trabalhei durante toda a véspera de ano novo e por isso avisei meu filho que eu iria passar o dia com ele, porque não teria como ir à noite de Ano Novo, até mesmo porque eu não tinha local para ficar e nem dinheiro para pagar algum hotel. Finalizei meu trabalho no dia 31 e fui para o apartamento. Logo após chegar, um amigo me ligou me convidando para passar o ano novo com ele junto a outros amigos. Eu não tinha vontade de fazer nada e então falei que não iria e que ficaria em casa dormindo. Passou meia hora e este mesmo amigo apertou o interfone do apartamento, falando que só sairia dali comigo e que não me deixaria passar o ano novo sozinha. Ficaria ali mesmo que eu não fosse e passaria a meia noite na calçada.

Foi confortante perceber o quanto alguém queria estar comigo nesta hora em que o vazio era enorme dentro de mim, então me arrumei muito rápido e desci. Fomos passar a noite da virada em

96

Cris Souza...

uma plataforma no meio do Lago Guaíba de frente para os fogos e shows na Usina do Gasômetro. Os amigos dele estavam todos de lancha e fomos juntos passeando pelo Guaíba. Por alguns momentos eu me senti bem, mas parecia que ali não era o meu lugar. Mesmo com tantas pessoas me agradando e conversando, eu parecia estar perdida em meio àquelas pessoas felizes. Chegada à meia noite, iniciaram os fogos e tudo o que eu queria era que meu filho estivesse ali para ver aquela noite linda. Comemoramos e brindamos o novo ano e logo o tempo começou a mudar. Estava chegando um temporal e tínhamos que sair o quanto antes do meio do Lago. O retorno à Marina foi longo e o temporal nos atingiu em cheio, mas conseguimos chegar bem, apesar de encharcados. Chegando em casa fui tomar um banho e me deitar para no outro dia acordar cedo e pegar a estrada para ver meu filho.

Estava em uma situação ruim. O dinheiro era contado para o pedágio, gasolina e um lanche na praia. Eu nunca tinha ido na casa de praia dos meus pais então ainda tinha que descobrir onde ficava o endereço que passaram. A casa ficava em Cidreira e eu também nunca tinha ido nesta cidade. Saí de Porto Alegre abaixo de temporal, levei quatro horas para andar 115Km. Chegando lá, estacionei o carro na frente da casa e meu filho entrou. Perguntei o que ele queria fazer e ele falou que não sabia por que ali não tinha nada para fazer. Ele queria que eu entrasse porque a casa estava cheia de primos para ele ficar brincando e chovia muito na rua. Claro que não entrei. Não podia nem pensar em fazer isto. Levei-o para almoçar em um restaurante, comemos ala minuta e logo fomos para o carro. Seguia chovendo, a praia estava lotada, não tinha lugar para nada, todos os comércios cheios e eu sem dinheiro para comprar qualquer coisa para ele. Enfim, percebi que seria muito cansativo para meu filho e então após três horas na praia comemorando o ano

Cris Souza...

novo, levei-o para a casa para brincar com os primos. Afinal, não tinha nada para fazer naquela cidade, sem dinheiro e chovendo torrencialmente.

Assim que ele entrou na casa fui embora. Decidi voltar por outra estrada, mais longa, mas talvez não tão trancada como na ida. Estava errada. Para voltar à Porto Alegre, percorrendo 140 quilômetros, demorei sete horas. Foram as piores sete horas dentro de um carro sozinha, sem ar condicionado e com os vidros embaçando o tempo todo. Apesar da chuva, fazia muito calor. Eu já estava com fome e sede, sem dinheiro para comer sequer um salgadinho em qualquer lugar ou tomar uma água. Ainda tinha que controlar a gasolina pois da forma como estava, corria o risco de ficar sem combustível na estrada. Passei as sete horas chorando, ora de raiva pela situação em que me colocaram, longe do meu filho, tendo que passar por tudo isso para conseguir ficar apenas três horas com ele em dia de ano novo, ora pela fome, pela sede e pelo desgosto que sentia com tudo aquilo.

Cheguei em casa tão cansada e triste que dormi direto até o outro dia pela manhã, quando me levantei para ir trabalhar. Durante o percurso de volta, eu só pedia que aquilo tudo acabasse logo e que nunca mais na vida eu precisasse passar por coisa igual porque é uma dor tão grande, que eu não desejo nem perto para nenhum ser humano nesta vida. Pior ainda quando a situação é causada pelos próprios pais. Na hora te faz pensar besteiras que hoje prefiro nem lembrar.

Cris Souza...

Adequando a alimentação

...

Em momentos de desespero, aprende-se a dar valor para tudo na vida. Coisas bobas que nunca se pensava antes de repente viram leis de sobrevivência. Na rua nunca se sabe quando terá o que comer novamente, ou mesmo se terá. Tem que se pensar em tudo. As pessoas nas ruas são realmente incríveis porque são as mais criativas, pois ao mesmo tempo que precisam se alimentar bem elas necessitam comer mal.

Explico:

Se alimentar bem significa não ter doenças, se alimentar o suficiente para se manter saudável, até mesmo por não ter condições de tratamento médico em caso de doenças, pois na rua, uma simples gripe mata. Então por que comer mal? Existe uma necessidade gigante em se adaptar às leis da rua para conseguir se manter de pé. Comer mal significa se alimentar de besteiras, doces, guloseimas, gorduras e frituras, alimentos que fazem mal à saúde.

Por que a necessidade em comê-los?

Alimentos gordurosos ou que contêm glúten parecem manter a pessoa satisfeita por mais tempo. Doces ajudam a ficar alerta e na rua o que menos dorme é o que menos corre riscos.

Bebidas alcoólicas ajudam a passar o tempo, a esquentar, diminui momentaneamente as dores emocionais e físicas. Imagine que você está com muita fome, tem apenas R$ 10,00 no bolso e nenhum local para fazer ou servir alguma comida. Nesta situação você iria a um supermercado comprar, por exemplo, um peito de frango? Comprar saladas e água? Ou você iria ao primeiro trailer na rua comprar um cachorro quente ou um X? Iria no primeiro bar de esquina comer uma quentinha ou se encontrar neste valor, uma ala minuta bem recheada?

Pensando fora da rua pode até ser que você opte ainda pelas primeiras alternativas, mas, na rua, com o tempo você percebe que o cachorro quente ou o X saciam por horas, enquanto uma salada logo te deixa com fome. É a lei da rua. No palavrear chulo, você precisa comer coisas que sustentem por mais tempo e isto é o que conta e não se é saudável ou não.

Um pacote de salgadinhos ou um molho de alface?

Não tenha dúvidas que o salgadinho vence. A fome causa dores, tonturas e muitas outras coisas que te fazem escolher por alimentos pesados e gordurosos. O pior é que existem coisas que você só se dá por conta quando acontece. Nunca vi ninguém agradecer por um pacote de macarrão instantâneo, a não ser quando além de ter que comer macarrão instantâneo você ainda tem que escolher pela marca mais barata por não ter dinheiro para comprar a de costume. Ou ainda quando este único pacote é o seu único alimento do dia. É, talvez você pense que isso não é verdade. Há algum tempo eu poderia pensar também. Parecem coisas surreais, nem em filmes isto acontece, mas na realidade, lá nas ruas onde agora dormem milhares de pessoas, isto é uma realidade cruel

Cris Souza...

com a qual se aprende a conviver para não enlouquecer ou morrer de fome.

Passei por uma ocasião, já no apartamento alugado, em que receberia uma visita no meio da tarde. Logo corri para o supermercado e fui comprar algo para oferecer. Comprei pão francês, o famoso cacetinho no RS, queijo e mortadela. Quando a pessoa chegou, conversamos um pouco e logo ofereci o café, arrumei a mesa e começamos a nos servir. A primeira coisa que esta pessoa fez foi pegar duas fatias de queijo e três de mortadela para colocar no pão. Ainda falou que adorava sanduíche de mortadela e que tinha que ser assim porque sanduíche de mortadela merece "bastante mortadela". Confesso que nunca havia pensado nisso. Quantas pessoas já não fizeram isto na minha frente e passou batido, mas naquela tarde eu fiquei pensando. Nossa! Ela sabe da minha situação e mesmo assim colocou duas fatias de queijo e três de mortadela no pão? Será que não se deu conta que isso dá para três pães?

Nos meus cálculos, daria para três dias de café. Na hora pensei, mas obviamente não falei e que bom que não falei porque é óbvio que eu já devo ter feito isto e nem lembro, assim como é óbvio que pão com mortadela é bom assim mesmo e irresistível para quem gosta. E, ainda mais, esta pessoa tem outros valores, os mesmos que talvez eu tivesse antes e é claro que não se deu conta. Mas ficou a lição de prestar atenção quanto ao desperdício e ao cuidado nos locais em que se vai. Nem sempre as pessoas têm o que oferecer e se oferecem é com carinho, então devemos tratar com carinho e ter cuidado com as pessoas e as situações. Não vou dizer que fiquei medíocre ou coisa parecida, mas são lições que se leva para toda a vida e se não fosse o ocorrido, eu jamais pensaria estas coisas que agora são tão importantes nos meus valores.

Primeira visita do meu filho ao velho novo apartamento com o colchão no chão. Aqui já tínhamos tv, mesinha e espelho. Dia das crianças comemorando com muitos doces.

Cris Souza...

Só por hoje

•••

E disseram a você que estes dias chegariam, que iria passar por momentos de tristezas, de alegrias, solidão, entusiasmo, melancolia e todos e quaisquer adjetivos que você pudesse imaginar existir nesta vida. Também disseram que você não é forte o suficiente para aguentar e que depende dos outros. Já falaram a você que não tinham do que se orgulhar de você e até que eram orgulhosos demais por você e pelo que você é. Já falaram que você é a mulher mais linda dessa vida. Desde a infância você escuta isto. Aliás, esta foi a primeira frase que você deve ter ouvido quando sua mãe pegou você no colo e provavelmente falou que você era a bebezinha mais linda do mundo! E acredite, ela estava certa porque você sempre é a pessoa mais linda do mundo para alguém, e nos dias que você ouviu falarem que era a mais feinha que já viram, por que você se abateu? Por que não gostou? Lembre-se, estas pessoas já acham outra pessoa a mais bonita do mundo e provavelmente estão externando a percepção delas, que só pertence a elas e mais ninguém. E por isso, só por isso, escute, agradeça pela opinião, afinal toda a opinião é aprendizado importante, mas não quer dizer que você tenha que concordar, ou levar as opiniões negativas para o resto da vida como pedras em sua mochila pesada que mal está conseguindo carregar em suas dolorosas costas cansadas de importunos problemas, tristezas, certas decepções que se soubesse entender seriam apenas opiniões.

Cris Souza...

Se faça feliz e mesmo quando os sentimentos mais intensos de tristeza baterem em sua porta, querendo entrar, não abra. Só você pode ter esta atitude de abrir ou não. Lembre-se que só por hoje você não precisa disso, lembre-se que só por hoje você é a bebezinha mais linda do mundo porque você existe, está aí por algum motivo bem maior do que possa imaginar. Você é a bebezinha mais importante na vida de alguém, aquela que teve o poder de fazer a vida de uma pessoa a mais feliz do mundo, nem que fosse por alguns instantes, mas fez. Você tem o poder de ser essa pessoa fantástica que escreve agora seus sentimentos mais profundos. E não venha me falar que não é, porque sou a prova "escrita" disso. A prova do que você é, do que você pode, do quanto você quer! E se você quer é porque você pode.

Não olhe para os problemas que enfrenta como verdades absolutas. Faça deles sua maior riqueza, porque são com eles que você está crescendo, por causa deles está vendo quão maravilhosa e fantástica é. Se agora pensa em desistir, por que não desiste? Isso, pare agora com tudo o que está fazendo, feche a porta do seu apartamento, deixa todo o seu passado para trás, saia agora chorando, assim como está, caída, fraca, deprimida, inquieta, achando que a vida desistiu de você. Mas lembre-se! A sua mochila sempre fará parte desta nova caminhada que está escolhendo, e, esta mochila tem o dom de só aumentar, crescer, pesar e fazer doer. Mas agora não só pelas pedras que carrega, e sim levando um peso bem maior, o peso da derrota, do fracasso, da insignificância que está abandonando dentro daquele apartamento chaveado que provavelmente ninguém abrirá para procurar você. Afinal, quem desistiu foi você e as pessoas não têm mais o que fazer. Elas não têm nem obrigação de fazer alguma coisa. Estão preocupadas em ser o que você não quer, o que está renunciando a ser.

104

Cris Souza...

Agora pare e pense, imagine você indo embora por aquele corredor com sua mochila de pedras maior ainda, aquele corredor escuro, frio, velho de escadas longas onde um dia você subiu com tanta alegria, tanta firmeza e entusiasmo. E não me venha falar que não fez isso, porque agora, depois de voltar de horas parada em sua porta olhando este corredor, você volta e vê que existe um porquê de você não descer. Você hoje não só é a bebezinha mais importante na vida de alguém, como existe um bebezinho mais lindo no seu mundo e esse bebezinho está crescendo, lindo, maravilhoso e feliz por ter você como exemplo. E agora pergunto: por que só você não acredita no que os outros acreditam olhando para você? Chegou até aqui, passou por tanta coisa e em cada uma delas achou que não aguentaria, que aquilo não poderia acontecer com você. Passou fome, frio, calor, medo, angústia, solidão. E mesmo assim, com tudo isso e por tudo isso, você está aí agora.

Então por que desistir?

Por que não desistiu antes? Já passou por piores.

Não é e nem será fácil. Se fosse fácil você não acharia graça, largaria de mão, não confiaria, não acreditaria e não seria tão feliz após cada realização. Você teve mil motivos para desistir e talvez um para continuar, e agora, depois disso tudo, na sua balança de significados existe um motivo maior que tudo, um motivo que se divide em dois e faz com que todos os outros fiquem tão pequenos, que não tenham força de te fazer descer por aquelas escadas.

Seria então este motivo a VIDA?

Cris Souza...

Mas a vida é uma só e não se divide em duas. Só temos uma vida neste plano. Errado. Quando se tem um filho se tem dois corações, duas vidas batendo aceleradas e fazendo isso ser um motivo, o único capaz de fazer todos os outros virarem pó e serem esmagados com um piscar de olhos, porque a vida é tão bonita que merece ser vivida com toda a alegria e entusiasmo que se pode ter e por isso você só sobe. Jamais, a partir de agora, você descerá escadas...

Jamais, a partir de agora, você abrirá portas para a tristeza, porque hoje você entende que ela faz parte das opiniões dos outros, que são influenciadas pelos motivos individuais de cada um e as opiniões dos outros não fazem parte da sua vida. Você escuta, respeita e usa de aprendizado. Jamais assimila para fazer parte da sua mochila que aos poucos vai esvaziando, deixando suas costas leves, descansadas e abertas a andar junto com a paz que agora faz parte de todos os pensamentos possíveis em sua mente. Afinal, só me basta uma reflexão diante tudo o que vejo até agora: minha vida vale tão a pena que só merece realizações fantásticas. Qualquer coisa fora isso está fora dos meus planos e, é só qualquer coisa. Já passou por tanta coisa onde no final teve uma surpresa tão grande, que só foi possível devido a tudo o que passou. Então lembre-se sempre de que, depois da tempestade, vem a bonança. Esta bonança você sentiu com um sorriso inconsciente que tomou conta do seu rosto no gesto de um estranho, um estranho que ali por algum momento se entregou em suas mãos para que você o ensinasse e lhe desse a oportunidade de se fazer feliz através dele, mesmo que sem ele próprio saber.

E, você lembra por que isso aconteceu? Porque você estava no lugar certo, na hora certa e no momento certo, fazendo a coisa

Cris Souza...

certa e descobrindo, assim como relembrando o quão difícil foi para você, passar pelo mesmo momento que aquele estranho estava passando e, mesmo assim, com dificuldade e tristeza, ao final você se fez feliz. Como naquele exato momento em que seu sorriso voltou e aquele estranho naquele instante foi o seu bebezinho mais lindo do mundo e mostrou que tudo vale a pena, que a entrega é a maior riqueza que uma pessoa pode levar desta vida, porque é com ela que sua emoção aflora e você se faz feliz.

O nosso corpo é uma máquina perfeita capaz de coisas fantásticas, então sempre pense que tudo será possível porque dentro das funções do corpo humano, mais precisamente na MENTE, existe um lugarzinho particular que faz tornar possível todas as coisas que você quer e chama de Sonhos!

E lembre-se, já falei antes, se você quer, você pode, então faça acontecer e faça valer a pena!!!

Só por hoje!!!

Obs. O estranho citado no texto foi a pessoa que permitiu ser apreciada durante um processo de renascimento, exato momento em que Cris Souza sentiu ser uma treinadora comportamental em essência. As escadas longas e escuras eram do seu lindo apartamento no bairro São Geraldo. Daquele dia em diante Cris Souza passou a agradecer o dia como SÓ POR HOJE!!! Pensamento que a levou a ter forças para suportar os dias sozinhas em depressão. Este capítulo foi escrito a mão por alguns dias em que a solidão quase venceu. Foi apenas repassado para o livro no intuito de agradecimento e lembrança de uma carta a ela mesma e que traz muita força para seguir em frente.

Cris Souza...

Sonhos

...

Um sonho que sempre tive foi de subir ao palco para pegar um diploma, um canudo que representasse uma trajetória que seria agradecida aos meus pais e familiares. Eu adorava ir a formaturas e presenciava muitas. Apreciava a hora dos agradecimentos, a hora que a grande maioria ia para a rua inventar o que fazer para não ficar escutando. Esta era a hora que eu chorava e ficava imaginando toda a trajetória destas pessoas e o apoio das famílias que eram tão agradecidas e reconhecidas. Eu sonhava com o dia em que eu estaria lá, agradecendo o apoio dos pais e realizando o sonho de me formar em uma faculdade. Lembro que minha irmã tentou vestibular por algum tempo. Ela estudava muito e mesmo assim não conseguiu passar.

Talvez não fosse um sonho dela e muito provavelmente não era. Fez alguns vestibulares e não conseguiu a vaga, porém meus pais estavam lá, incentivando os estudos dela e pelo apoio que eles davam com certeza se ela passasse seria apoiada pelo restante da faculdade. Quando eu fui fazer o meu primeiro vestibular, queria fazer surpresa. Fui e me inscrevi perto da data das provas. Chegou no dia do vestibular e, quando estava saindo de casa, avisei que estava indo fazer a prova na faculdade Ipa para prestar vestibular de administração. O que lembro e ficou muito claro. Foi minha mãe falando que seria perder tempo, porque eu nem havia estudado.

Cris Souza...

Imagina se passaria em um vestibular assim. Falou que eu não tinha mais o que fazer e ficava inventando coisas. Fui fazer a prova. Eu realmente não tinha estudado, mas eu sempre fui bem nas aulas e tinha facilidade em quase todos os conteúdos. Então estava bem segura do que estava fazendo. Fui, realizei a prova tranquilamente e voltei. A casa estava em silêncio e ninguém falou nada a respeito. Dois dias depois fui pegar o jornal bem cedinho para ver o resultado que estaria na Zero Hora (jornal local). Quando abri o listão dos aprovados meu nome estava lá. Fiquei em 13º lugar. Fui muito bem classificada e fui correndo mostrar para a mãe, que estava deitada em sua cama.

Abri a porta do quarto e a chamei para ver, ainda marquei meu nome com a caneta marca texto, pensando que ela ficaria muito feliz. O que eu escutei foi exatamente a seguinte frase. "Uh, só quero ver como vai pagar essa faculdade agora, porque eu e teu pai não temos como pagar pra ti." Após a linda fala ela virou para o lado e cochichou algo que até hoje não sei se foi um, parabéns ou outra coisa e, não se falou mais no assunto. Eu trabalhava de gerente de uma loja de roupas na época e sabia que conseguiria pagar. Lembro inclusive o valor, que era de R$600,00, e eu paguei todos os meses. Trabalhava o dia todo, saía do trabalho e ia direto para a faculdade, chegava em casa e ia dormir. Esta era minha rotina, então o dinheiro seria suficiente porque não fazia mais nada além disto. Pagava o meu carro, minha faculdade, a creche do meu filho, minhas roupas e outras coisas do dia a dia. Claro que tive que cortar muitos gastos, mas o principal que eu queria, eu tinha: trabalho, carro e faculdade. Tudo certo, eu estava realizando meus objetivos.

Após esta etapa, eu decidi que faria a faculdade de Marketing no Senac e então eu fui prestar vestibular novamente. Desta vez não falei nada para ninguém, simplesmente fui lá e fiz. Nesta eu passei em 3º lugar. Eu precisava fazer apenas a prova de redação e fui muito bem. Sempre gostei de escrever, então estava ótimo. Ao chegar em casa apenas comentei que agora eu faria faculdade de Marketing, mas desta vez foi diferente. Eu ganhei os parabéns pelo feito. Não teve nenhum abraço e nem comemorações, mas parabéns já foi um avanço. Como era normal, no outro dia saí para trabalhar, porém ao chegar em casa direcionei o carro para entrar no portão e logo percebi a faixa que meu pai mandara fazer. Era uma faixa linda me parabenizando pelo resultado do vestibular, estas faixas que tanto sonhei ter no meu portão no primeiro vestibular e pensei que jamais teria. Nunca contei para ninguém, mas aquele dia eu parei o carro, olhei aquela placa e comecei a chorar porque significava tanto para mim. Era um reconhecimento dos meus pais por algo que eu conquistei. Foi motivo para eu parar e chorar por tantas outras vezes quando entrava no portão e via a placa.

Os estudos significam muito na minha lista de valores e eu ser reconhecida pelos meus pais por isso era muito importante. Porém, ao longo desta faculdade, nossos problemas foram aumentando e foi quase ao final dela que eu e minha família brigamos definitivamente. Mesmo assim, não desisti da faculdade e consegui com muito esforço acabá-la. Passei por momentos terríveis para conseguir finalizar. Pensava que não conseguiria por vários motivos, mas sempre conseguia. O problema não eram notas ou vontade, mas sim o cansaço em ir e vir por muitas vezes a pé, andando quilômetros à noite. Minha vontade de concluir o curso era muito maior que o medo que sentia da solidão ou outras coisas.

Assim, fui levando e consegui concluir minha faculdade. Estávamos todos (alunos) organizando a festa de formatura, preparando decoração etc. Mas foi na hora dos convites e das fotos que eu decidi não realizar a colação de grau. Na hora de tirarmos as fotos que apareceriam no telão na chamada pelo nome para pegar o diploma fiquei pensando, todos estão tirando fotos com seus pais e eu vou tirar com quem?

Todos estão pegando convites para a família e depois farão festa para os amigos, e eu vou convidar quem? Pensei logo na hora dos agradecimentos e não tinha a quem agradecer ali. A única pessoa que me vinha na cabeça era meu filho e minha amiga Gorete, mas meu filho talvez nem fosse na formatura. Era pequeno e não ficaria parado na plateia me aguardando. Assim, a tão esperada formatura perdeu sentido. Usar uma toga já não era tão importante assim e subir ao palco se tornou nada. A maior conquista eu já tinha realizado, e depois eu gastaria muito dinheiro que economizei deixando de comer e indo por vezes a pé para a faculdade, assim como tantas outras coisas que me privei para isso. Mas ali pensava que não teriam tantas coisas que eram o sentido de tudo. Ao mesmo tempo, com o dinheiro que ia gastar eu pagaria dois meses de aluguel do meu apartamento e ainda poderia fazer um banquete em casa para comemorar com meu filho e a Gorete, que eram as pessoas que mereciam este agradecimento.

Lembro que na época meus colegas brigaram comigo porque eu tinha feito uma revolução nas votações de professores homenageados e tal, e aí chegou na hora e não me formei. Mas não os culpo por isso. Eles jamais entenderiam o valor do que eu estava fazendo e explicar seria uma dor maior ainda. Então deixamos assim, que estava tudo certo. Acabei realizando minha formatura em gabinete por obrigação, porque não teve nenhum significado. Eu estava lá sozinha. Mesmo em gabinete as pessoas tinham seus pais ou maridos junto e eu não tinha nada disto. Foi apenas um dia a mais na minha vida. Sonhos de uma formatura que nunca aconteceu, imagens que ficaram apenas na lembrança de como seria se... E agora escrevendo estas frases me dou conta de que nunca mais fui a uma formatura. Já fui convidada para várias, mas sempre arrumo algo para fazer e não vou. Talvez tenha perdido todo o sentido na minha vida, apesar de eu ter me tornado uma eterna amante de estudos e formações. Afinal, depois já realizei o MBA e outros cursos de formação tão importantes quanto uma faculdade e em nenhum deles senti vontade de usar uma toga. Talvez um dia volte a fazer sentido, porém o sonho da formatura na faculdade, que era para ser tão importante, nunca mais voltará e nunca mais acontecerá. O que fica realmente é este amor pelos estudos que me traz grande satisfação ao pegar o diploma conquistado. Não por ter que subir a um palco ou coisa parecida, mas a cada diploma que pego fisicamente em mãos tenho uma sensação de dever cumprido com grande satisfação.

Um mero papel que me remete a etapas importantes que me fazem ver o quanto eu sou capaz de conquistar meus objetivos. Quem sabe um dia eu possa estar presente na primeira fila da formatura do meu filho, quem sabe um dia eu possa ter o gostinho de poder presenciar os agradecimentos dele por eu tê-lo ajudado a conquistar um diploma. Queira Deus que eu possa ter esta satisfação, queira Deus que eu tenha forças para auxiliar meu filho a cada conquista de cada sonho que ele tem e ainda terá nesta vida.

Cris Souza...

1º jogo

•••

Levar meu filho ao estádio para ver um jogo, o seu 1º jogo.

Sempre fui uma garota fascinada por esportes. Estava presente em todas as aulas de educação física, fazia parte de todos os times da escola que tinha campeonatos constantes. Me destacava em quase todos os esportes. Apenas no futebol que ficava para trás, pois eu não gostava realmente. Durante a minha infância eu era normalmente a garota mais alta da turma, ficava no final da fila e me sentava no fundão da sala. Talvez este seja um dos motivos pelo qual eu me destacava, inclusive nas aulas de basquete. Lembro que minha irmã só brincava de bonecas e dançava balé. Ela não gostava das mesmas brincadeiras que eu e assim eu brincava com meu irmão, brincava de carrinhos e de pegar. Era bem moleca mesmo, vivia roxa e sempre usava calça para poder brincar melhor.

Definitivamente, eu era uma verdadeira moleca e na parte dos jogos eu ficava sozinha, pois meus irmãos não gostavam. Me sentia muito sozinha nestas horas. Jogava bola com as paredes e imaginava que eram pessoas e estávamos em grandes campeonatos. Quando fazia pontos eu chegava a comemorar minhas vitórias. Pode parecer bobagem agora, mas na época era muito real e eu era muito feliz nestes momentos, mesmo que comigo mesma nesta etapa imaginária. Assim, uma das minhas

113

metas era que quando eu tivesse meu filho eu conseguisse brincar com ele, principalmente incentivando o esporte que tanto gosto. Aconteceu como imaginei. Meu filho nasceu e parece que já nasceu com uma bola na mão, ou no pé. Ele sempre gostou de jogar bola. Ficava feliz e comemorava cada chute que dava e isso antes mesmo de começar a caminhar.

Eu fazia questão de jogar com ele e aplaudir a cada riso, a cada grito que ele dava de felicidade. Lembrava que era tudo o que eu queria na infância, que tivessem pessoas comigo, vibrando e jogando ao meu lado, mas comigo só acontecia na escola mesmo. Com meu filho seria diferente. Como falei, ele parece ter nascido com a bola no pé. Era cada chute forte que não parecia vir de uma criança da idade dele. Aos cinco anos ele já jogava futebol na escolinha do Planet, onde ele se destacava e sempre fazia parte do time nos campeonatos. Que alegria eu sentia em ver tudo aquilo. O acompanhava nos treinos e em todos os campeonatos. Em alguns treinos (raríssimos) eu não conseguia ir devido ao trabalho, mas nos campeonatos sempre. Quando ele entrou para a escola, também se destacava nos times e treinava bastante em casa. Aos poucos ele foi se apegando aos jogos e já falava que queria ser jogador profissional.

Uma das minhas metas e sonhos era realizar os dele. Um destes sonhos era levá-lo a um estádio para ver um jogo profissional. Queria que fosse com ele maior porque tinha medo de que algo pudesse acontecer, afinal os estádios eram muito violentos na época. Porém, após acontecer todos os nossos inconvenientes com a perda da guarda e todos os demais problemas que estávamos enfrentando, um dia ele chegou no apartamento para passar o final de semana comigo e veio me contar todo contente que havia ido ver

Cris Souza...

um jogo do Grêmio no Estádio Olímpico com o padrinho e o avô. Na hora que ele me falou aquilo eu paralisei, fiquei chocada. Isto era um sonho nosso! Eu queria ver o rostinho dele lá assistindo ao jogo, queria ver a reação dele em presenciar uma partida com os jogadores que ele gostava, com o time dele no estádio do Grêmio. Quando ele falou, eu em segundos imaginei como foi que aconteceu tudo, mas em segundos mesmo pois, logo tive que disfarçar o choque, ele estava tão feliz me contando que o que eu tinha que fazer ali naquela hora era comemorar com ele, por pior que fosse a dor que eu estava sentindo, ainda mais em ver o rostinho dele me contando. Imagina na hora como foi, se ali falando ele já estava encantado. Enfim, foi um sonho que nunca irá se realizar, uma hora tão esperada para uma mãe que acompanha seu filho em tudo, porém jamais irá acontecer porque a primeira vez já passou e não foi como esperada.

Quando ele foi embora, bastou eu fechar a porta para cair no choro. Imagine o sentimento de ver seu filho caminhar pela primeira vez, falar pela primeira vez. Então, este era o sentimento que eu imaginava ter quando ele chegasse a um estádio pela primeira vez. E este sentimento não fui eu que tive e sim estas pessoas que o tiraram de mim e roubaram meus sonhos. Nunca saberei se foi por simplesmente querer fazer o neto feliz, se foi por querer roubar um sonho, se foi por querer mostrar que eles podiam e não eu. Mas enfim, nunca saberei, mas lembrarei e guardarei para sempre este sentimento de incapacidade e crueldade que senti na hora e me vem novamente toda a vez que lembro. Esta sensação de que falta algo ao ver teu filho sorrir por realizar um sonho que você não presenciou. São lembranças de uma vida que se perdeu por instantes e que não voltam mais. Eram tão importantes.

Cris Souza...

Beto Carreiro

...

Levar meu filho ao Beto Carreiro pela primeira vez

Um dos meus passeios prediletos sempre foi ir a parques de diversão, andar em todos os brinquedos sem parar. Uma vez fui ao Beto Carrero. Eu era adolescente e fomos eu, minha amiga Quinha, e nossas mães. Fomos em uma excursão com um ônibus cheio. Eram muitas pessoas da nossa idade e fizemos amigos com os quais tenho contato até hoje. Foi um passeio tão maravilhoso que só me restou querer voltar por muitas outras vezes, um total de cinco para ser mais exata, sendo que em uma destas fiquei mais de um dia e sempre era como se fosse a primeira vez. Aproveitava muito. Quando fiquei grávida do meu filho, logo pensei, que maravilhoso vai ser poder ter um companheiro para "brincar" comigo. Sempre gostei deste meu lado criança e durante os primeiros anos de infância dele já me preocupava em fazer brincadeiras legais. Fazia de tudo para que ele não tivesse medo de nada, andava nos brinquedos menores dos parques, sempre salientando o quanto era legal e alegre. Gostava de levá-lo em praças etc. Mas o maior sonho era levá-lo ao Beto Carrero. Só esperava ele crescer um pouco para poder ir e aproveitar conseguindo andar em muitos brinquedos. Esperar crescer. Porque aí ele poderia entrar nos brinquedos que tinham tamanho certo para participar. Ele poderia aproveitar mais,

Cris Souza...

conseguiria caminhar mais no parque sem se cansar. Porém, quando meus pais conseguiram a guarda provisória dele, uma das primeiras coisas que fizeram, fora enchê-lo de presentes caros, foi viajar com ele para conhecer o Beto Carrero. Isto aconteceu nas férias de julho e descobri por que chegou um aviso pelo oficial de justiça onde falava sobre a viagem. Desta forma, eles ganharam o direito de viajar durante todas as férias escolares. Eu tinha que ser avisada porque além de perder a chance de realizar um sonho eu ainda teria que passar todas as férias longe dele. Eram duas semanas. Em troca eu o pegaria por dois finais de semana seguidos.

Fui ao foro, tentei falar com o juiz, falei com a assessora dele, tentei entrar com um pedido pelo advogado, enfim. Tentei de tudo, mas meus pais desligaram inclusive o telefone e passei duas semanas sem sequer falar com meu filho. A cada hora que passava eu ficava imaginando a carinha dele ao ver todos aqueles brinquedos gigantes, aquelas apresentações fantásticas e principalmente a carinha dele em realizar um sonho que também se tornou dele, de tanto eu falar sobre isto. É tão triste saber que você tem um sonho que nunca irá se realizar, afinal, nunca mais terei a chance de apresentar o Beto Carrero para meu filho. A nossa primeira vez nunca mais acontecerá como sonhado.

Triste também o fato de saber que seus próprios pais se aproveitaram da situação e mesmo sabendo que isto era um sonho resolveram por algum motivo acabar com ele. Foi um sentimento negativo por ver que além de não conseguir realizar a tão sonhada viagem existiu uma "apunhalada" dos próprios pais. E aqui não interessa mais se o motivo foi por querer fazer umas férias legais para o neto, por querer mostrar que eles podiam ou até mesmo porque poderia ser um sonho deles. O que fica é a apunhalada que

Cris Souza...

recebi, mais uma para a coleção de tantas outras. Mais uma decepção, que me trouxe muita tristeza de muitas formas, e me mostrou do que um ser humano é capaz para conseguir fazer o que quer, até mesmo passar por cima dos sonhos e sentimentos de uma filha que nunca deu motivos para nada do que estava acontecendo. Foram direto pedir a liberação ao juiz sem sequer perguntar se eu tinha alguma programação para nossas férias. Depois desligaram os telefones para que eu não pudesse falar com meu filho. São tantas decepções que eu jamais esperaria de um estranho, imagina receber estes presentes dos próprios pais.

Cris Souza...

Valor por impulso

...

Uma das coisas que mais admiro em mim também é uma das coisas que mais me atrapalha na hora de tomar decisões difíceis. Sempre me pego em situações onde tenho decisões do tipo vai ou fica, agora! São coisas que acontecem "quase" que "sempre". Talvez eu que perceba desta forma por querer resolver tudo muito rápido. Há meu ver tudo precisa ser rápido. As decisões não devem demorar porque o tempo é curto e eu não gosto de perdê-lo. Já estive em algumas situações decisivas em que perdi um tempo precioso que nunca mais voltou. Uma das coisas mais preciosas que trago na lembrança de infância são os ótimos momentos em que passei ao lado da minha avó paterna, a vó Edith.

Minha avó era um exemplo de mulher forte. Ela não tinha estudo algum, não sabia ler nem escrever, mas carregava uma inteligência rara. Carregava ideias e sentimentos que nenhum dinheiro paga, era uma cozinheira de mão cheia. A única coisa que ela não acertava era o arroz, seguidas vezes lembro de sentir o cheiro de queimado e ter que ir avisá-la de tirar a panela do fogo e até hoje cheiro de arroz queimado lembra a minha avó. Acreditem! Carinhosamente.

Mas sabe de uma coisa? Isto era uma marca registrada e todos lembram dela até hoje por comerem "arroz papa". Se tornou

Cris Souza...

engraçado em família, até porque era realmente uma cozinheira de mão cheia. Ela não media esforços para agradar as pessoas. Mesmo com toda a sua simplicidade ela era fantástica e me deixou um tesouro precioso. Uma mulher que sem saber escrever tinha livros de receitas que ela mesma anotava de uma forma toda especial. Aos meus olhos de criança eram livros de histórias infantis. Todas as receitas eram desenhadas. Quer um exemplo que trago até hoje na minha vasta culinária? Vamos ver o que acha disto:

Quem diria, ela mesma desenhava e ela mesma seguia suas receitas de desenhos fazendo coisas maravilhosas. Tem que ter criatividade e força de vontade. Ela poderia simplesmente não fazer nada, mas achou uma forma de se entender sem precisar da ajuda dos outros. Outra lembrança era de que nos fundos da casa, no pedacinho de pátio que restava, ela criava galinhas e codornas. As codornas serviam para que ela vendesse os ovos em conserva. Lembro que ela pegava vários no dia, cozinhava e fazia todas as conservas para vender e para consumo próprio. Já as galinhas

Cris Souza...

tinham sua importância pelos ovos e pela carne. Foi ela que me ensinou a depenar uma galinha. Não só isso, mas o próprio instinto de sobrevivência de que precisei mais à frente. Um dia estávamos na casa dela, eu e minha irmã. Ela perguntou o que queríamos comer e hoje percebo que não tinha muito ali para oferecer. Ela então foi até o galinheiro e lembro de vê-la correr atrás de uma galinha até conseguir pegá-la, levou para a cozinha e rapidamente lá estávamos almoçando a galinha que ela preparou desde o início.

São estas coisas que me fazem lembrar do quanto a gente só precisa de vontade para fazer o que se quer, mais nada. O instinto e a criatividade só dependem da nossa força de vontade para ser ativado. Se tem uma lição que aprendi com ela foi: "Quer, vá lá e faça você mesma." Mas aos poucos fui crescendo, vieram os estudos, os trabalhos e aos poucos não frequentava mais a casa da avó como antigamente. Mas era ali que conseguia ver todos os tios, tias e primos. Era ali que nos sentávamos na mesa todos juntos para fazer as refeições em uma grande família. Após meu casamento, aos 19 anos, tive que trabalhar muito mais do que antes. Estava em uma fase de muitas saídas, muitas festas, fazia horas extras no trabalho para ganhar mais e, mesmo assim, após o trabalho passava as noites em festas para no outro dia iniciar direto. Assim, fui perdendo este lado família que tanto gostava. Aos poucos fui me afastando sem nem perceber. Aos 20 anos fiquei grávida e após o nascimento do meu filho minha aproximação com a avó voltou a ser como antes. Ela ia todas as manhãs caminhar e passava na minha casa depois para poder ver o bisneto. Em seguida, ela descobriu que estava com câncer. Lembro como se fosse hoje que um dia antes de ir para o hospital fazer a cirurgia ela foi bem cedinho na minha casa e, como eu estava cansada, fiquei deitada e não fui vê-la, minha mãe

Cris Souza...

a recebeu e levou meu filho para ela ver enquanto eu segui dormindo.

Ela foi para o hospital, fez a cirurgia e no outro dia meu pai foi visitá-la e ela então mandou beijos para nós, eu e meu filho. Meu pai me convidou para ir visitá-la no dia seguinte e eu achei que logo ela sairia do hospital, então não achava que devesse ir. Nunca gostei de hospitais. Mas o tempo acabou. Na manhã seguinte de uma noite que não quis ir vê-la, minha avó faleceu. Ela, que já estava bem e teria alta em três dias, levantou-se de sua cama para ir ao banheiro e não voltou mais, isto por um erro médico na cirurgia de uma senhora de 64 anos, completamente lúcida e feliz. Acordei naquele dia com meu filho de três meses chorando, fui amamentá-lo, estávamos eu e ele no quarto quando minha mãe chegou me trazendo a notícia do falecimento da avó. E sabe por que isto me marcou? Porque eu tive muitas oportunidades de ter ido vê-la, mas preferi ficar dormindo, preferi ficar quentinha em casa ao invés de ir dar um beijo nela no hospital. Como fui boba, ela estava ali precisando e eu me dando ao luxo de pensar que ela nunca morreria. Até hoje, mesmo com todos os estudos espirituais que tenho, ainda sinto certa culpa e remorso de não ter ido cuidar da pessoa que tanto me cuidou na infância, da pessoa que é um exemplo de mulher em minha vida.

Fica o ensinamento de que se deve fazer tudo o que se tem vontade e muito rápido. Nunca se sabe quanto tempo se tem para realizar o que se quer e a pessoa que você mais ama pode não estar aqui no momento seguinte para você falar isto a ela. Então, aproveite enquanto é tempo. Esta situação e lembrança desta avó tão querida veio me trazer o significado de algumas ações rápidas que me fazem ter a certeza dos meus valores nos dias de hoje.

Cris Souza...

Quando fiquei sem falar com minha família sentia mais falta dela ainda, da avó Edith, que era minha companheira. Eu tinha a certeza de que se ela fosse viva, seria o maior desgosto dela presenciar uma situação como a ocorrida. Ela nunca fecharia a porta para um filho ou uma neta. Sempre acolheu a todos, inclusive adotou uma criança que jamais havia visto, simplesmente porque falaram que a menina era espancada e mal tratada e ela foi lá e adotou, cuidou desta menina que possui uma deficiência mental e ainda hoje em fase adulta precisa de cuidados especiais, que são realizados com muito carinho pela minha madrinha Carmen, que ficou com a guarda após a morte da avó. Mas certas situações fazem você agir totalmente por instinto, no meu caso, percebo somente depois, mas nunca mais me arrependi de não ter feito algo porque sempre sigo meu instinto em minhas ações.

Passei muitos anos em confronto familiar, nem com minha avó materna eu falava ou mesmo a via. Porém, uma semana após falar novamente com meus pais, eles foram para o litoral, em uma sexta à noite. Meu filho foi com eles e eu ainda morava no meu apartamento do bairro São Geraldo. No sábado à noite eu estava sozinha, deitada, quando tocou o telefone. Era minha mãe avisando que minha avó materna, a Lilyan, que eu não falava ou via há muito tempo, havia sofrido um AVC e tinha sido encaminhada para o Hospital da PUC. Ela me falou ao telefone que já estava estabilizada, mas que teria que fazer muitos exames e ficaria internada em observação. Falou que minha irmã estava lá com ela e que eles estavam voltando do litoral. Lembro que na hora eu parecia estar no exato momento em que minha mãe avisou do falecimento da vó Edith. Voltei ao tempo e lembrei que poderia ser igual e eu sofreria o mesmo. Aliás, já estava sofrendo, pelo menos este era o sentimento, de total culpa por não ter socorrido ou coisa parecida.

Cris Souza...

Minha mãe falou que não era para eu me preocupar ou ir vê-la por que na emergência só podia entrar uma pessoa e minha irmã estava lá. Mesmo assim, logo teria que sair porque ela tinha sido encaminhada para a UTI e lá sim não poderia ficar ninguém. Mas ao mesmo tempo que minha mãe falava eu já me arrumava para sair. Fui verificar se o dinheiro dava para pegar um táxi, porque já eram 23h, mas percebi que não tinha o suficiente. Era bem contadinho para as contas que eu tinha. Mesmo assim, saí de casa, fui caminhando às 23h até o Parque Moinhos de Vento, onde pediria uma carona no ônibus. Isto normalmente levava 15 minutos de caminhada e fiz em cinco sem perceber. Cheguei ali e minha irmã ligou informando que não era para eu ir porque a visita era só até às 24h e não teria tempo. A estas alturas eu estava tão envolvida que nem queria saber. Fiquei na parada do ônibus por uns 15 minutos. Chorava tanto, lembrando da situação de anos atrás e cuidando o relógio com medo de que algo de ruim acontecesse e eu não conseguisse ver minha avó, que nem percebi que já eram quase 24h e eu estava na parada de ônibus, sozinha, com frio, mal vestida e em um local perigoso e deserto. Mas logo chegou o ônibus. Era o último horário dele e consegui pegá-lo. Cheguei no hospital da PUC, desci e fui até a emergência. Não tinha ninguém ali. Pedi para ver a minha avó e não deixaram, porque já tinha passado 10 minutos da hora da visita. O que fazer a esta altura? Pedi que a enfermeira avisasse minha avó que eu estava ali na recepção e não sairia dali. Fiquei na recepção aguardando notícias a noite toda. Fiquei ali sozinha, com frio, com fome, chorando a noite toda. Agora não era mais o desespero de não ter tempo, pois ela sabia que eu estava ali e eu sabia que qualquer coisa eu estava próxima para acudir minha avó.

Mesmo sem eu falar há anos e estando brigadas, parecia que nada havia acontecido. Eu só via aquela pessoa que ajudou a me

Cris Souza...

criar ali precisando de ajuda e carinho. Uma pessoa que há pouco me fez tanto mal, falou tantas coisas horríveis de mim, e eu teria tudo para não estar nem ligando com a situação, esta mesma pessoa me fez arriscar a minha vida por puro instinto, somente para ir cuidá-la, mesmo que do lado de fora da UTI, eu estava ali. Isto me faz rever meus valores, me fez ver o quanto a família é importante na minha vida, o quanto as pessoas valem mais do que qualquer briga ou desentendimento que possa acontecer. Mas o alívio veio em saber que eu não fiquei parada e ali estava para auxiliar. Porém, a decepção foi maior quando percebi que mesmo minha irmã, sabendo que eu havia saído de casa àquela hora, angustiada com a situação e sem dinheiro, mesmo com tudo isso, ela esperou acabar a visita e foi embora. Poderia ter esperado 10 minutos, ela sabia que eu estava chegando, poderia ter ficado ali um pouco aguardando, mas ela não teve consideração alguma. O que falou mais alto foi a briga e não o laço familiar, cuidado ou qualquer coisa parecida com isso. Naquela hora eu percebi o quanto a família importa e o quanto meus valores referentes a isto estão acima de qualquer coisa, porque mesmo sem falar com elas, mesmo com tudo o que aconteceu, naquela hora eu só queria que ela tivesse me esperado para pelo menos falar que estava tudo bem.

Eu precisava deste conforto, mas não o tive. Meus pais chegaram da praia, foram para casa descansar, minha irmã saiu do hospital e foi para casa descansar e eu ali sozinha precisando só de um abraço e mais nada, mas não tive sequer um telefonema para saber se eu estava ali, se estava bem ou se precisava de algo. O que fica de bom nisto tudo? Eu reconheci que meus valores são tão fortes que eu busco tanto esta tal família que não tive ali, que até mesmo uma briga do nível em que estávamos me fez agir mesmo que por instinto, de uma forma tão humana. Depois, pensando com

125

calma, eu fiquei orgulhosa do que fiz. Não medi esforços para ajudar, para estar com as pessoas, para cuidar das pessoas. Aliviei meu peito sabendo que eu fiz tudo o que poderia ter feito e que graças a Deus a situação foi diferente e minha avó saiu do hospital sem sequela alguma. Percebi que é muito bom ser grata pelas coisas que se tem e que se sente. O poder da gratidão é precioso e é melhor ser grata do que viver uma vida de culpa pelo que poderia ter feito e não fez.

Avó materna, Lylian Ignês de Oliveira.

Lançamento do 1ª livro em coautoria de Cris Souza...

Cris Souza...

Retrospectivas

...

Retrospectivas vem com ensinamentos

Este ano aprendi e agradeço aos meus pais por me ensinarem mais sobre a vida. Na infância me ensinaram que existem príncipes encantados, que as famílias são os alicerces e que o mundo é maravilhoso. Me deram estudo, casa, comida e roupas. Até aí, tudo normal, afinal a família é assim.

Na adolescência tentaram me fazer ser igualzinha a eles. Eram meus pais e queriam a filha perfeita aos olhos deles, dentro do que julgavam ser perfeito, mas esqueceram que as pessoas possuem uma coisa perfeita chamada personalidade. Na adolescência você assume essa tal personalidade e aos poucos vai se dando conta de que você tem uma vida, independente de príncipes, rainhas, reis, palhaços, monstros e heróis a quem foram apresentados na infância.

Também é na adolescência que você decide se terá a sua personalidade aflorada ou abafada por princípios de outras pessoas, enfim, chega uma hora que você se dá conta de que a vida não é esse conto de fadas que te apresentam.

Cris Souza...

De que seus pais e familiares não são os reis e rainhas que pensava que fossem na infância e sim pessoas normais como as outras. Nessa hora você aprende sobre princípios, moralidade, conceitos que você forma na sua cabeça e acredita serem importantes para seguir em frente. Felizmente para uns e infelizmente para outros, algumas vezes estes conceitos são indiferentes aos que lhe foram passados na infância.

Na fase adulta, você se liberta para seguir esses seus conceitos de vida e decide vivê-los, caso realmente possua personalidade aflorada. Nem sempre você é compreendida, mas isso também nem sempre faz diferença, afinal, você criou seus conceitos, crenças morais e foi aos poucos fazendo sua vida, acertando, errando, aprendendo, ensinando, planejando e executando, mas, sobretudo, valorizando o que julgas ser moral e respeitando as diferenças. Mas agradeço hoje aos meus pais pelos últimos ensinamentos, afinal se eles ensinam a você tudo na vida, como podia eu aprender sobre tanta imoralidade, crueldade, covardia, ignorância, falta de humanidade, cinismo, desrespeito, com outras pessoas se não com eles. E o melhor de tudo, aprendi na prática, mas graças a Deus foi outro aprendizado, afinal, minha personalidade me faz ver as coisas boas que vêm junto com as ruins:

- **Não ter dinheiro para o ônibus?** Caminhe, é totalmente saudável e não precisa gastar com academia. Seu corpo agradece e o coração aguenta mais coisas.

- **Está com fome?** Quando tiver comida novamente, aprenda a não jogar fora e nunca diga "não gosto disso, nem daquilo". Quando se tem fome, se aprende a comer.

Cris Souza...

- **Saudade?** Dói muito, mas te faz fazer valer cada momento junto da pessoa amada.

- **Apanhou?** Procure seus direitos, afinal, existem os "direitos humanos".

- **Sente-se sozinha?** Leia um livro, dois, três... Eles são ótimos companheiros e você aprende coisas incríveis.

- **Não tem TV?** A companhia da natureza e das pessoas te faz muito melhor, dorme mais cedo, acorda mais cedo. Seu dia rende mais e você não vê tanta barbárie.

- **As coisas não vêm de graça?** Claro que não. Ninguém tem obrigação de ajudar você e, se ajudam, agradeça. As pessoas fazem o melhor que podem. O resto é com você.

- **Pessoas?** Ahhh, essas você conhece na hora, quem está do seu lado por interesse ou por amizade.

- **Amizade?** É com certeza a maior riqueza que existe na vida e você se surpreende com pessoas que nunca pensou serem suas amigas e se mostram puras e lindas para você enxergá-las.

Viu só? Agora, que já aprendi, podem devolver meu bem maior? Meu filho não é brinquedo!

Ps. Este capítulo refere-se a uma carta escrita por Cris Souza, (ainda sem a guarda do seu filho) para seus pais como presente de Natal.

Cris Souza...

Perdão

...

Muitas coisas acontecem na vida de uma pessoa. Você faz coisas erradas querendo acertar, faz coisas certas pensando ter errado. Mas, independentemente de qualquer coisa, você faz as coisas em prol de algum objetivo, coisas que você pode ter motivos ou não, ter soluções ou não, mas em algum momento da sua vida aquele segundo foi precioso e independente do resultado, certo ou errado, está feito!

O que move as pessoas são suas ações, o que as definem são suas escolhas, que, certas ou erradas, terão alguma consequência. Para alguns um absurdo, para outros nem tanto. Mas por algum segundo aquela decisão foi a certa. Independentemente do resultado, todas as ações trazem algo de especial em nossas vidas e devemos olhar sempre para o lado positivo, porque eles existem até nos piores resultados. E são eles que te trarão paz no coração e calma para a alma.

Isso tem que ser descoberto por você e na hora certa as coisas boas aparecem trazendo a mudança que não teria se tudo desse certo o tempo todo!

Quando você entende isso, aprende que não precisa perdoar as pessoas, simplesmente porque você felizmente não tem

Cris Souza...

a capacidade de julgar ninguém. Afinal, temos motivos para todos os nossos atos e se cada um entender a independência da capacidade humana, terão resultados surpreendentes.

Não julgue para não ter que perdoar, simplesmente ame a vida e as pessoas como elas são!!!

Ressignifique fatos

...

Ressignifique fatos e adquira uma qualidade de vida incrível

Muito se fala em inteligência emocional, porém poucos se habituam a usar de forma simples a fim de adquirir qualidade de vida. Poucos percebem a importância deste simples ato da ressignificação de fatos, porém todos que a utilizam se fazem felizes e, por este motivo adquirem hábitos incríveis que os tornam pessoas mais felizes e saudáveis. Desta forma mudam comportamentos indesejados e adquirem consequentemente uma visão significativa de mundo.

No momento em que o indivíduo percebe que em qualquer ação existe uma intenção positiva ele passa a entender as razões pelas quais as pessoas tomam certas atitudes e, assim, passa a compreender o mundo de forma mais simples. Isso o faz ter um comportamento mais adequado para o contexto em que está inserido, tendo então um retorno satisfatório na conclusão das ações propostas pelos indivíduos à sua volta. Mesmo a pessoa sendo muito emocional, ela adquire atitudes positivas e consegue torná-las racionais. O que a faz ter comportamentos "leves", antevendo as reais possibilidades de sucesso.

O indivíduo que consegue tornar a inteligência emocional um hábito consegue também administrar o stress do dia a dia. Consegue melhorar seus resultados no âmbito pessoal e profissional e torna-se uma pessoa mais saudável, sabendo lidar melhor até com tratamentos clínicos. Torna-se uma pessoa mais feliz e agradável, conseguindo uma qualidade de vida incrível.

Família!

Um dos principais resultados do aprendizado da Inteligência emocional em minha vida. A união de uma família. 1º encontro de todos os envolvidos depois de todos os acontecidos.

133

Acima: As manas: Paty, Karine e Cris / Abaixo: mano Hélio

Cris Souza...

Honra e respeito as cinzas

...

Acontecem alguns fatos inesperados que parecem vir para nos tirar o foco, desviar dos nossos objetivos e até mesmo "estragar" a nossa vida. A estes fatos damos o nome de "problemas". À primeira vista eles parecem acontecimentos negativos, mas se pararmos para pensar e aprendermos a enxergá-los com o devido respeito, conseguimos extrair tudo de bom que eles nos trazem. Costumo dizer que eles são grandes ensinamentos que nos levam ao crescimento.

Porém, são poucos aqueles que o enxergam desta forma. Sinceramente, levei muito tempo para entender e apreciar um grande problema, pois é preciso enfrentá-lo e respeitá-lo para ter os ensinamentos que eles trazem ao longo da jornada. O que acontece normalmente é um grande medo de enfrentá-los, ou puramente preguiça, afinal é mais fácil mudar o objetivo ao se deparar com o problema do que enfrentá-lo. A isto chamamos de "zona de conforto", uma região aparentemente segura onde o problema não existe, e, tudo bem se você optar por esta zona de conforto, porém é sabido por pura característica que os moradores destas regiões paralisam. Pessoas podem passar anos ou a vida toda em suas zonas de conforto e serem felizes por simplesmente serem "confortáveis".

Cris Souza...

Por outro lado, existem aquelas que decidem sair da sua zona de conforto por conta própria. Estas procuram o novo, acabam por encontrar o tal problema que sempre existe lá fora. Algumas até voltam às suas zonas de conforto se o motivo da saída não for realmente encontrado, mas se decidirem enfrentar o problema pode ter certeza de que valerá a pena. Existem também aquelas pessoas que são jogadas para fora da sua zona de conforto por algum motivo externo. Estas pessoas normalmente são forçadas a evoluírem. Para elas, são duas opções: ou evoluem, ou caem de vez porque muitos não conseguem nem voltar para suas "zonas expulsas".

Em minha trajetória fiz uso de todas as opções. Ao descobrir que a vida não é feita de reis e rainhas e entrar para a realidade humana optei por sair da minha zona de conforto por conta própria. Queria seguir meus instintos e não os mandamentos familiares. Assim o fiz, enfrentando problemas e superando-os. Seria bem mais cômodo eu ser uma menina que aceita tudo o que seus pais falam, que faz somente o que lhe mandam e assim vive tranquilamente à sombra de outros, pois é desta forma que enxergo. Seria cômica se não fosse trágica uma vida sem sentido, onde a sombra que lhe parece refrescar vai apagando sua essência dia após dia, sugando todas as suas vontades e afastando você do que você poderia ter sido um dia.

É claro que hoje eu compreendo tudo o que fiz, mas na época fazia por instinto. Muitos acreditavam ser birra, mas eu acreditava ser liberdade. Hoje me orgulho da decisão inconsciente de optar pela liberdade, mas, reconheço, não foi fácil. Reconheço que foi esta mesma liberdade que me fez mais tarde ser expulsa de uma zona que já não era tão confortável assim e cair em um abismo

Cris Souza...

solitário. Acredito muito que tudo o que fiz não foi compreendido, certamente porque também não me fiz compreender. Optei por uma liberdade solitária e isto me fez enfrentar problemas maiores do que imaginei aguentar. Mas sabem, apesar de todos os inconvenientes, de tantas dores e desprazeres que enfrentei, eu não tiraria nenhum deles. E não se assuste com isto, você vai entender o que estou falando e talvez lhe faça sentido.

Liberdade solitária...

Quando pequena enfrentei uma grande perda. Ainda criança, meu irmão, que era meu grande parceiro de brincadeiras, nos deixou. Um dia, ao acordarmos, ele não estava mais lá. Tinha saído de casa sem deixar rastros. Se você pensou em falecimento, agora você pode ter sentido exatamente o que eu senti na época e não se pode explicar. Este sentimento foi o que tive, até perceber que ele apenas fugira de casa. Ali acredito ter adquirido consciência do meu primeiro baque quando, ao falar para meu pai que eu queria ter fugido com meu irmão, que queria que ele tivesse me levado junto, levei a primeira e inesquecível surra de cinta. Lembro que meu pai nem perguntou nada, ou se perguntou eu não registrei, mas ele simplesmente levantou e começou a me bater falando que eu era mau agradecida, que ele me dava tudo e eu queria fugir também. Mal sabia ele que eu só falei aquilo por estar com saudades do meu irmão e não querer ficar longe, jamais por querer deixar a nossa casa. Tenho em minha mão direita a marca daquele dia que até hoje me é claro na lembrança, e eu era apenas uma criança de uns oito ou nove anos. Deste dia, não preciso a data, mas trago na lembrança cada instante, cada olhar de raiva do meu pai, que teve que ser contido pela minha avó para parar de me bater.

Cris Souza...

Veja que tomei consciência, mais de 20 anos depois, de que neste dia, talvez, tenha ocorrido meu maior problema, o causador de tantos outros, dia após dia. Pois foi um "problema de comunicação" apenas, imagine se meus pais soubessem na época sobre a tal programação neurolinguística e o funcionamento da tal inteligência emocional. Imagine que, se isto fosse real, eu jamais teria qualquer motivo para brigar com eles e esta marca em minha mão jamais existiria. Sabe que após 20 anos descobri, através de um exercício em um curso de programação neurolinguística, que este foi um dos grandes motivos de eu não aceitar os valores da minha família e optar pela tal "liberdade solitária".

E, você pode imaginar que, se isto não tivesse ocorrido, eu poderia jamais ter caído de paraquedas em um treinamento e descoberto a minha grande missão de vida como treinadora comportamental? Vou lhe explicar: devido a esta surra e à descoberta do lado bruto do ser humano, o que foi um grande problema, segui um lado solitário, independente de família. Alguns acreditam que eu fiz tudo isso de birra, outros que sou louca mesmo e outros raros conseguem enxergar que trilhei este caminho por simplesmente seguir meus instintos, fazendo o que eu gosto e não o que os outros querem que eu faça. Onde está o lado positivo disto tudo? Pois bem, na época, claro que não enxergava assim, mas hoje vejo. Eu tive a oportunidade de saber que ninguém é perfeito, tive o entendimento, mesmo que inconsciente, de saber na hora que eu não queria ser assim e descobri que eu tenho sim as minhas vontades e elas são maiores do que qualquer coisa. Analisando hoje percebo o quanto é importante a comunicação eficaz nas famílias, na criação dos filhos. No meu caso, porém, a falta dela na ocasião me tirou da minha zona de conforto e me fez seguir um caminho de busca por ideais. Se não fosse isto talvez eu poderia até hoje pensar que a vida é um conto de fadas, que meus pais eram um lindo casal de rei e rainha e que nada de mal me aconteceria se eu fizesse tudo o que eles quisessem. E talvez eu estivesse até hoje na sombra da árvore deles, sendo provavelmente ofuscada por ideais que não são meus, mas bem "confortável".

Abismo solitário...

Este foi com certeza o meu maior problema, ou meu maior impulso. Quando se pensa que tudo já aconteceu e nada mais pode ser pior, lembre-se que tudo, absolutamente tudo, pode piorar. Esta foi a vez em que fui expulsa de uma zona nem tão confortável. Ser expulsa pelos próprios pais da casa em que morou a vida toda em uma madrugada fria e chuvosa, ter seu filho tirado de você de forma brutal, dormir na rua, passar fome, frio, cansaço, desgaste emocional, físico e mental. Isto lhe parece um grande problema, não?

Sabe que vou lhe contar um segredo. Obviamente ninguém quer passar por tudo isso e jamais poderia imaginar ser eu a personagem principal deste filme de horrores. Porém, hoje eu agradeço por tudo o que me aconteceu. Trago comigo cada dor, desespero, angústia, traumas e marcas que jamais cicatrizaram. Trago lembranças que não desejo a ninguém neste mundo. Mas trago a certeza de que ganhei marcas que me fizeram um ser humano muito melhor do que eu imaginei ser um dia. Trago marcas que me fazem ser mais confiante, segura, protetiva, eficaz, e tantos outros adjetivos que possas imaginar. Hoje tenho orgulho da pessoa que me tornei. Não me considero perfeita porque ninguém é, e se fosse seria também uma tragédia. Onde estaria a evolução, não é mesmo?

Cris Souza...

Vejo todos os meus inconvenientes como um grande aprendizado. Eu talvez precisasse passar por tudo isso para dar mais valor às pessoas que me rodeiam, pois, lembrem, vivi uma fase de liberdade solitária. Deixei muitas pessoas por não saber dar valor aos pensamentos delas e, também, por ser muito segura e confiante esqueci que havia pessoas à minha volta. Lembro de tantas atitudes individualistas, como quando por exemplo batiam no portão de casa pedindo comida e eu nem atendia e ainda pensava comigo mesma por que não vai trabalhar ao invés de ficar me enchendo o saco?

Achava ridículo uma pessoa pedir qualquer coisa, tinha valores inúteis, como andar em carro importado com rodas de liga e pneus largos, insulfilme, som de marca com alto falantes potentes, carro sempre brilhando, lustrado, rebaixado. Valores como roupas de marca e hotéis caros ao viajar, noitadas em lugares de moda etc. Sendo bem sincera, eu gostava de quem eu era, mas não me orgulhava como hoje, sempre fui uma boa pessoa, sempre conquistei meus objetivos, respeitava os demais. Mas o foco sempre foram os meus isso, meus aquilo, meus, meus, meus... Minha vida girava em torno do meu próprio eixo. Quando meu filho nasceu, obviamente ele fez parte deste eixo, mesmo assim hoje noto que somos muito mais do que um eixo girando no mesmo lugar. Somos um elo que agrega outro elo e outro elo e assim por diante. Meus valores mudaram, talvez, se eu tivesse pensado mais no tal elo e menos no eixo eu teria comprado meu apartamento antes e jamais teria ficado na rua. Tivesse colocado dinheiro em coisas mais importantes, como dar um lar para meu filho, ao invés de ficar nos fundos da casa dos meus pais. Teria pensado melhor na hora de montar a minha primeira empresa e quem sabe não teria jogado fora R$ 35 mil como se amassasse um papel e jogasse na lata do lixo.

Cris Souza...

Quanta coisa eu poderia ter feito e não fiz simplesmente por não ter os valores que tenho hoje.

Mas, de qualquer forma, eu não me arrependo de absolutamente nada porque enxergo tudo como grandes aprendizados. Se eu não os tivesse talvez jamais daria o valor que dou a tudo o que tenho hoje: pessoas, aprendizados, profissão, missão, orgulho e, principalmente, não teria valores e crenças, pois nem sabia por certo o que eram de fato. Hoje eu tenho certeza de que, se morrer no dia de amanhã, terei deixado um legado, terei feito a diferença na vida de pelo menos uma pessoa que passou por mim a cada dia, a cada treinamento, a cada evento. Antes me perguntavam quem eu era e eu respondia simplesmente 'uma pessoa, ora'. Ainda completava com 'bonita, bem-sucedida, inteligente' etc.

Cris Souza...

Experimente

...

Experimente me perguntar quem sou hoje?

Hoje eu sou uma pessoa marcada por uma vida desenganada, que fez uso inconsciente de potencialidades existentes em essência, sendo reconhecidas com o auxílio de amigos que formam elos inexplicáveis nesta jornada. Hoje sou capaz de enxergar o outro com o respeito que ele merece, livre de julgamentos. Honro e respeito a história de vida de cada ser. Tenho valores reais, crenças por experiências, marcas por merecimento e o sucesso é simplesmente a própria existência. Hoje sou uma pessoa que acredita que o impossível é só questão de opinião e que vencedores não esperam que algo mude, criam condições para que algo aconteça. Trago comigo a alegria de simplesmente ter a oportunidade de existir neste mundo e principalmente a alegria de ter comigo um filho abençoado que veio a este plano me ensinar o que é SER e não simplesmente ter.

Algumas falhas aqui, outras ali, mas sempre buscando o melhor que eu posso ser ou fazer por mim e pelos que me rodeiam. Ainda me pego rindo e chorando sozinha, porque descobri de fato que o riso vem da alegria das conquistas diversas e o choro vem da lembrança de tudo o que se passou para chegar a esta alegria. E a cada sentimento que surge vou aprendendo a me conhecer melhor.

Cris Souza...

O que a Fênix tem a ver?

...

Um dia olhando um pingente em uma vitrine fixei, meu olhar e fui longe. Neste dia enxerguei muito mais do que um simples pingente. Enxerguei minha história, derrotas, conquistas, lembranças etc. Tudo ali fez sentido. Nesta hora eu iniciei um longo agradecimento àquela imagem, porque entendi que ela sim faz sentido diante tudo o que passei. Identifiquei-me com uma história milenar sobre o pássaro FÊNIX, pássaro este que ali estava em minha frente, uma grande Fênix em forma de pingente. Se você não conhece, vou lhe contar um pouco sobre.

A Fênix é um pássaro da mitologia grega que entrava em autocombustão ao morrer e, após algum tempo, renascia das próprias cinzas. Tem por característica uma grande força que a faz transportar cargas muito pesadas durante seus voos. Dizem que a Fênix se transformava em uma grande e linda ave de fogo com penas douradas brilhantes, em formato muito semelhantes ao de uma grande águia. Seus ciclos de vida eram de muitos anos, em média 500 ou mais. Ao final de cada ciclo a fênix queimava-se em uma pira funerária. Com todas estas características, transformaram-na em símbolo da imortalidade e do renascimento espiritual.

Em tempos modernos, estudiosos creem que a lenda surgiu no Oriente, sendo adaptada pelos sacerdotes do Sol de Heliópolis

Cris Souza...

como uma alegoria da morte e renascimento diários do astro-rei. Na arte cristã, a Fênix renascida tornou-se um símbolo popular da ressurreição de Cristo.

Para os gregos, a Fênix era vinculada ao deus Hermes, representada também em vários e antigos templos. Tal como todos os grandes mitos gregos, desperta consonâncias no mais íntimo do homem. Está ligada também ao grande SOL, que morre todos os dias no horizonte, renascendo no dia seguinte, tornando-se o eterno símbolo da morte e do renascimento da natureza. A Fênix também é uma ave símbolo da felicidade, virtude, força, liberdade e inteligência na cultura chinesa.

Devido a estes significados tão fortes que se assemelham a esta história, foi criado o primeiro logotipo da Fênix Training, sendo o símbolo de um grande renascimento da autora e dos alunos que se identificam nesta transformação.

1º logotipo Fênix Training!

Imagem semelhante ao pingente e acrescentada de cores e valores que fazem sentido nesta trajetória de sucesso.

Cris Souza...

Ensinamentos

•••

Chegou um ponto da minha vida em que conheci muitos ensinamentos que eu não imaginava existir. Porém, já os aplicava inconscientemente. Ensinamentos estes que me fizeram sair da situação em que eu estava, me desenvolvendo como ser humano.

Estes ensinamentos foram aos poucos, formando significados que se tornaram valores e crenças, me fazendo atingir a transcendência. Acredito hoje na importância da escolha pela transcendência, entendi que na vida é preciso administrar e potencializar a educação emocional em busca da boa convivência em sociedade, mas, principalmente consigo mesmo. Para isto é necessário entender a ordem básica da inteligência emocional. Então entendi que o fato é simplesmente FATO, e que a diferença do resultado está no significado que damos ao fato. Assim então, começou a grande mudança na minha vida. Só esta informação já foi transformadora. Juntar as peças ficou fácil. Se você entender os quatro passos da Inteligência Emocional, você já terá um grande avanço na sua vida.

Fato – Significado – Emoção – Ação

Cris Souza...

Fato: O fato é sempre o fato. Ele jamais mudará e ocorre em milésimos de segundos.

Significado: O significado que você dará ao fato. Este sim pode mudar e depende da sua história de vida, crenças, valores e contexto em que está inserido;

Emoção: A emoção que você terá depende do significado que deu ao fato;

Ação: A sua ação será de acordo com o significado e emoção diante ao fato, esta ação você pode escolher e é ela que faz muita diferença nos seus resultados.

Já dizia Charles Swindoll que...

"A vida é 10% o que acontece conosco e

90% o que fazemos com o que acontece conosco".

Após fui apresentada à Programação Neurolinguística e seus pressupostos, que fizeram todo o sentido. Cito alguns dos que fizeram diferença para que eu reavaliasse meus significados.

Cris Souza...

Mapa não é território...

Foi em um desenho aparentemente bobo que entendi que se tratava de mapas mentais. Por mais que se fale o que se pensa, o outro sempre vai imaginar, ou desenhar mentalmente, da forma como ele pensa e acredita ser - o que normalmente é diferente entre os indivíduos. Como no meu caso e dos meus pais. Ora, se eu optei pela liberdade solitária e não falava nada para eles por achar que se metiam ou estavam sempre contra o que eu fazia, eu não podia esperar que eles entendessem tudo o que eu fazia. Logo, eles pensavam de acordo com os mapas mentais deles, que são totalmente diferentes dos meus. Assim, causamos este tumulto todo de significados errados aos fatos de todos, gerando brigas e desencontros.

Responsabilidade da comunicação...

✓ A responsabilidade da comunicação é do comunicador...

Se as coisas não estão de acordo com o que você está pedindo ou falando, é sinal de que você não está comunicando da forma correta. Ou seja, mapas mentais diferentes entendem coisas diferentes e se o comunicador não souber verificar, a informação poderá sofrer interferências. Isso que aconteceu o tempo todo comigo e minha família. Esta parte me fez entender que, se eu não falasse para meus pais o que eu estava fazendo quando eles me perguntavam, eles poderiam achar qualquer coisa e acreditar em seus pensamentos. E, mesmo falando, ambas as partes tiveram problemas gravíssimos neste sentido, até mesmo devido ao conflito de gerações e maturidade.

Então, não existe certo ou errado e sim o melhor entendimento do que está se comunicando e a pergunta certa de verificação da comunicação para não acontecerem ruídos.

Cada um faz o melhor que pode...

✓ Cada um faz o melhor que pode no contexto em que está inserido e com as ferramentas que possui...

As pessoas são diferentes, mas sempre procuram fazer o melhor que elas podem fazer no momento que ocorre o fato e com as ferramentas que possuem. Já sinalizei antes, mas vale repetir. Quando meu pai me bateu com a cinta quando criança, ele provavelmente fez isto pensando que eu havia sido mal educada e coisas do gênero. Ele havia sido criado desta forma e então essas atitudes faziam parte da cultura dele. Dentro do seu mapa mental, ele estava correto e poderia estar tendo esta atitude para me corrigir ou até mesmo por pura raiva, não que eu ache a raiva certa, mas pode ser por isso.

Se eu tivesse me expressado melhor ele poderia ter entendido o que eu quis dizer e nada disto teria acontecido.

Intenção positiva...

✓ Toda a ação tem uma intenção positiva...

Qualquer ação que tenhamos está voltada para algo positivo, ou seja, todas as atitudes são tidas positivamente, pensando sempre no bem de algo diante da atitude. No caso dos meus pais terem tirado meu filho de mim, a intenção positiva foi querer que ele

148

permanecesse próximo a eles, por exemplo. Esta ação tinha algo de positivo para eles, e aqui foi importante me isentar de qualquer julgamento para perceber a intenção positiva da situação, que por mais que não pareça ter, existe, ao olhar deles.

Após tantos aprendizados, trago comigo um pedido a cada ser de luz que interajo e tenho a oportunidade de ter como treinando em meus cursos, palestras e workshop. E agora peço a você que chegou até aqui, me permitindo agregar algo em sua vida, como de fato é meu propósito. Meu principal pedido é que cada pessoa se comprometa em repassar seu aprendizado adiante. Desta forma acredito que mais pessoas terão o prazer de aprender pelo amor, sem passar por dores desnecessárias. Afinal, aprendi que de nada adiante ser luz se não iluminar os caminhos dos outros.

Cris Souza...

Segredo e o reconhecimento

...

A vida me ensinou pela dor como já mencionei, mas fica a dúvida.

Foi a vida que me causou dor?

Ou

Os significados que eu dava aos fatos me fizeram causar minhas próprias dores?

Sabem que, como mencionei, foi em uma dinâmica dentro de um curso de programação neurolinguística que eu realmente entendi minha vida, ou pelos menos tudo que me cerca até então. Uma simples dinâmica que parece boba falando hoje, mas na hora certa, com as pessoas certas, me fez responder a estas perguntas acima, e a resposta é sem sombra de dúvidas a seguinte. Eu causei minhas próprias dores, mesmo que inconscientemente. Ninguém mais tem poder para isto. Por mais que tentem ou façam coisas que acredito serem injustas etc., somos nós que decidimos se dói ou não? Se machuca ou não? Se retrucamos ou não?

Enfim, somos nós os maiores responsáveis pelos danos que causamos ao longo da vida, porque se tem uma coisa que eu aprendi com um colega deste mesmo curso, e hoje um grande amigo, Edison

Cris Souza...

Lima, e que realmente faz sentido, é que o outro é sempre o outro. Nós não devemos ter expectativas quanto às reações deste outro, devemos apenas desejar e fazer o nosso máximo para termos o melhor relacionamento possível com todos os outros, pois vivemos em um universo até hoje inexplicável no sentido de quantos são estes outros. Ou seja, existe vida após a morte? Vidas extraterrestres? Mais galáxias? Mais e mais e mais...

Sempre iremos nos perguntar quantos mais existem? E sempre existiram mais. Por mais que se estude ou acredite, ou até mesmo tenhamos relatos de vivências com seres de outros planos etc., eu pessoalmente acredito que não é neste plano que teremos todas as explicações sobre a vida e quantos outros poderão existir, porque sempre terão os outros. E o que eu quero dizer com tudo isto? Que hoje eu não julgo o outro porque simplesmente o outro é o outro e o mundo não gira em torno do meu umbigo para querer que todos os outros passem a vida me agradando, me entendendo ou me bajulando.

Mas voltando à questão da dinâmica, vou lhes contar o grande segredo que me fez dar esta virada na minha vida, o grande segredo que me traz grandes alegrias e que me faz sentir orgulho de quem sou e onde estou. Pois bem, quando as coisas saem do controle, é mais fácil nos rebelarmos contra aqueles que acreditamos serem injustos. É mais fácil brigar, reclamar de todos os outros, achar que o mundo está contra tudo o que você faz e simplesmente reclamar de tudo o que o rodeia. Assim, de certa forma nos livramos de fardos que talvez nem sabíamos que tínhamos, nos livramos das responsabilidades principalmente. Isto tem um nome bonito, auto sabotagem, ou seja, nós nos sabotamos para permanecermos naquela zona de conforto da qual citei

Cris Souza...

anteriormente, local bonito onde parece estarmos protegidos de tudo e todos para o resto da vida.

Mesmo com minha garra em passar por tudo o que passei, com um propósito, confiança e força. Mesmo com toda a atitude que acredito que tive, com todo o esforço apesar do cansaço, desagrados e desamores. Mesmo com tudo isto, acredito que o segredo está na mudança interior, no encontro com minha essência.

Às vezes a mudança mais radical é ser você mesma!

Após eu conseguir me reestabelecer, já morando no meu apartamento alugado da Pará, mesmo assim eu precisei me livrar da raiva, das tristezas, da ira e da soberba, precisei reconhecer e medir a alegria, a harmonia e traumas. Só assim comecei a resgatar a verdadeira essência de quem eu sou, de onde vim, e principalmente quem me criou. Aquelas pessoas que tinham me feito tão mau são as mesmas pessoas que me deram a vida, que me ensinaram todos os valores dos quais tenho orgulho em tê-los. São as mesmas pessoas que largaram estudos... Meu pai deixou um sonho de ser advogado para pagar escola particular para as filhas, deixaram de ir a festas, nos deram uma casa bonita e confortável. As mesmas pessoas que aos 18 anos de cada filho se preocuparam em economizar salários, deixar de lado alguns dos seus sonhos, viagens etc., para presentear cada filho com um carro. Meu irmão foi o primeiro a ganhar sua moto, uma XL da Honda, linda, zerinho, depois minha irmã ganhou um Fiat Prêmio e mesmo eu sendo birrenta,

152

vivendo minha liberdade solitária, mesmo assim eu ganhei o meu Chevette DL, bem como eu queria, até do tal clube do Chevette participava.

E quando falo do material, não pensem que foram os presentes o ponto chave, foram sim a preocupação e cuidado deles conosco. Foi difícil, sempre tive personalidade forte, liberdade de expressão, julguei muitas pessoas, pais, irmãos, amigos, namorados, sócia. Eu era sempre a correta, e realmente acreditava ser e não me arrependo, mas foi em um treinamento comportamental que enxerguei muito do que estou falando, enxerguei certa soberba que nunca tinha reparado e estava ali o tempo todo, e imaginem o quão difícil foi me enxergar assim, mas o quão necessário foi para minha evolução. Percebi que minhas emoções fortes e a falta de conhecimento da energia e utilidade de cada uma destas emoções, por muitas vezes, me faziam explodir e ser totalmente autoritária nas ações, causando todas estas dores de que falo.

A pessoa mais prejudicada obviamente fui eu, mas, e, as dores que causei nas pessoas, nos meus pais? Isto eu não percebia, o treinamento me fez enxergar a importância do resgate da essência, do conhecimento e utilidade de cada emoção que nos levam as ações e consequentes comportamentos formando nossos hábitos. Ali eu já iniciei minha mudança inconsciente, após a realização deste treinamento, onde passou um filme da vida em minha frente. Lembro de uma noite quando meu pai foi levar a mala do meu filho que iria passar o final de semana comigo. Ele foi até meu apartamento de moto, eu desci para pegar a mala e ele nem desligou a moto, não nos olhávamos nos olhos, sequer um boa noite saía. Mas quando ele virou as costas e foi se distanciando do portão, em segundos me permiti enxergar novamente aquele homem que

Cris Souza...

deu a vida por mim, em segundos quis abraçá-lo, chamei e ele não escutou, subi correndo até o apartamento, peguei o telefone, liguei rapidamente e pedi que ele voltasse. Ele não queria voltar, mas continuei falando que era importante, ele voltou e apenas o abracei, sem falar nada, tudo cabia ali, naquele abraço.

Depois entrei e subi com meu filho, passei um final de semana aliviada, tranquila e muito bem. Mas ainda não falava com eles e o abraço ficou sem explicação por um bom tempo. Passando alguns dias, iniciei o curso de formação em programação neurolinguística, onde passaria três finais de semana intensos. Com muita dificuldade concluí o curso, com muita dificuldade passei pelos dias mais significantes e realizadores depois do nascimento do meu filho. Ao longo do curso, muitas coisas foram despertando um lado cinestésico que não conhecia em mim, mas de certa forma sentia e fazia muita falta. Ao longo das dinâmicas e leituras, fui percebendo quem sou de verdade, percebi que, sim, sou tudo o que acredito e demonstro, sou intensa, forte, batalhadora, humana, alegre e realizadora. Mas tenho muito mais a realizar, tem muito mais escondido dentro desta capa protetora que não se permitia fraquejar jamais, principalmente em frente aos pais.

No último módulo do curso que fiz sem que ninguém da família soubesse, realizamos as atividades em um hotel longe da cidade de Porto Alegre, chegamos no local na sexta à tardinha, para retornar no domingo. Mas foi durante a tarde de sábado que comprovei o que, na verdade, sabia, mas nunca admitia para mim mesma. Foi um forte choque de realidade em uma das atividades chamada linha do tempo. Esta atividade propõe voltarmos ao tempo, ter contato com fatos que não lembramos e por vezes são os causadores de sofrimento, traumas e fobias. Uma atividade

Cris Souza...

realizada sob indução de outros profissionais com o intuito de chegar ao primeiro contato com o trauma, para então ampliar o olhar e atribuir um novo significado. Até diria, o significado real que a pessoa não conseguiu atribuir na hora devido a estar sob forte emoção, o que faz com que nos cegue da verdade, no exemplo da raiva, ódio e ira, traz significados negativos, inversos ao que realmente ocorreu.

No meu caso, ao retornar à memória, fui além. Iniciamos na minha idade atual na época e fomos regredindo. Durante a caminhada, algo me incomodava, mas não sabia bem o que era. Me senti retrucada e angustiada, mas segui. Foi doloroso rever algumas coisas, principalmente de fatos ocorridos quando minha avó e bisavó ainda eram vivas, mas de repente pareceu um completo vazio, eu parecia estar em um lugar de muita paz, parecia voar, mesmo sabendo que os pés se mantinham firmas ao chão. A sensação era de êxtase, nada mais importava e eu era livre. Daí me veio a expressão que utilizo muito e faz todo o sentido nas minhas buscas, "Liberdade para a alma", porque era como me sentia, com a alma livre, o corpo nem parecia existir mais. Para você digo, não sei a sua crença, talvez seja um amigo, talvez não lhe conheça, talvez acredite ou não em vidas passadas, espíritos ou afins, mas quero que saiba que o que vivenciei nesta hora jamais saberia explicar porque acredito que certas coisas não têm explicação e sim sensação, esta foi uma delas.

Vou descrever a cena que vivi:

Como se pudesse, saí de meu corpo e viajei a outro plano, uma espécie de voo livre e leve, como a visão de uma viagem de avião por entre as nuvens, porém nuvens leves e claras, onde o que

155

passa não é o avião e sim meu corpo, sentindo uma brisa suave. Conforme voava em direção ao inesperado, fui visualizando uma espécie de túnel ainda formado pelas próprias nuvens. Ao fim deste túnel, havia pessoas das quais eu não consigo lembrar os rostos, mas sentia serem familiares e muito felizes em me ver. Estas pessoas estavam com as mãos estendidas em minha direção. Não sei precisar quantas eram, mas pareciam um grupo com 9 ou 10 pessoas talvez. Conforme a sensação de liberdade crescia, a felicidade começava a tomar conta e eu estava muito feliz em ver aquelas pessoas as quais os rostos não recordo (por vezes, até hoje fecho os olhos para tentar lembrar, mas deste dia, a única coisa que não recordo são os rostos que talvez um dia reveja).

Porém, quando estava bem próxima, a voz da profissional que me acompanhava iniciou um retorno, falava para eu iniciar minha caminhada de retorno àquele momento ao qual estávamos. Quando ela falou isto, toda a sensação de liberdade e felicidade foi embora. Percebi que aquelas mãos não estavam mais me acolhendo e sim me mandando cumprir minha missão em retorno a este plano. Foi uma sensação de medo e raiva ao mesmo tempo porque eu não queria ir embora, não queria deixar aquelas pessoas que sequer reconhecia, mas me eram tão familiares. Eu pedia para ficar e quanto mais pedia mais elas falavam que era a hora de eu retornar à minha missão. Foram segundos que pareceram uma eternidade. De repente, lá estava eu com os pés no chão novamente (mesmo sem os ter tirado), neste tempo de retorno percebi o porquê da minha "revolta" com minha mãe este tempo todo. Nunca aceitava o que ela falava e o contrário também era verdadeiro. Percebi que eu não queria ter voltado a este plano. Não queria ter nascido novamente, aquele lugar que eu estava era libertador. Eu amava aquelas pessoas e sem saber ou entender muito bem elas me mandaram embora para cumprir uma missão que até hoje não sei exatamente qual é. Também entendi que minha mãe não teve culpa de eu não querer nascer. Ela me queria como filha dela, eu que não aceitava isto e me revoltava contra ela, não querendo ser quem ela queria que eu fosse.

Sempre queria o diferente do que ela queria. Quando a profissional me perguntou onde eu estava, respondi ajoelhada ao gramado em que estávamos. Estou aqui! Ela então perguntou o que eu estava fazendo ali e o que eu queria? Ainda de olhos fechados, sem coragem para abri-los, só respondi que precisava falar com minha mãe. Ela prontamente pegou o telefone, pediu o número da minha mãe e discou, largou na minha mão e falou, pronto, pode falar o que quer, sua mãe está na linha. Lembro que eu só falava que a amava muito e ela desesperada do outro lado da linha, achando que algo havia acontecido, pois jamais esperou receber esta ligação. Senti na voz dela o desespero. Ela achava que algo grave estava acontecendo e eu estava morrendo e me despedindo. Pois só isto faria eu ligar assim. Ela perguntava várias vezes onde eu estava, mal me deixava falar. Queria ir onde eu estava para ver se estava tudo bem. Falei que não estava na cidade e ela ficou mais preocupada ainda, até que uma hora conseguiu se acalmar, falando com alguém que estava do outro lado com ela.

Naquela hora a mesma sensação de liberdade voltou e eu me senti bem. Ela pediu que eu ligasse ao chegar em Porto Alegre, porque ia me ver onde eu estivesse, e foi o que aconteceu. Pela primeira vez recebi meus pais na minha casa. Desde então não falamos mais sobre o problema, preferimos não tocar no assunto pois tudo já havia sido falado no tribunal. Desde então aproveito a minha vida a cada momento, sigo o princípio básico e

Cris Souza...

eficaz dos Narcóticos e Alcoólicos Anónimos, que já citei anteriormente, Só por hoje! Esta é uma expressão muito conhecida e utilizada nestes locais de recuperação como espécie de motivação, mas o real significado desconheço. Eu a conheci em novelas e filmes e na hora do "desespero" apareceu na lembrança como uma espécie de âncora que me motiva a seguir em frente. Virou uma espécie de recuperação de trauma na minha vida, pelo menos assim assemelho. Me recupero deste trauma todos os dias, só por hoje! Acredito que quem passou pelo que eu passei, ou qualquer tipo de trauma, jamais esquece, mas consegue ressignificar e entender a importância de ter passado pelo momento traumático e o aprendizado que ele trouxe. Desta forma, acredito e vivo minha recuperação traumática a cada dia, sendo feliz e agradecida por tudo o que tenho, mas principalmente, por tudo o que sou e estou.

Se perdoei meus pais? Hoje digo que não precisei, porque aprendi a não os julgar.

Como julgar pais que deixaram suas vidas de lado para cuidar de você, como julgar pais que te deram princípios e valores que te fazem ser quem é hoje?

Como julgar pessoas que passaram a vida acertando, por um erro que por eles, na crença deles era o certo a fazer para proteger o meu filho. Não sabemos o que faríamos se estivéssemos no lugar do outro, então, se vale a dica, nunca julgue as pessoas. Você não sabe o real motivo dos fatos e seus significados até que o digam, e não saberia se estando no lugar delas não faria igual ou pior.

A Estratégia da Fênix

...

Hoje, após ter vivido experiências ímpares em minha vida, percebo o que realmente me trouxe à tal transcendência que procurava, o que eu queria mesmo era liberdade para a alma. Posso ser o que quiser, quem eu quiser e como eu quiser, e tudo isto sem me sentir solitária em meio à multidão, nem mesmo quando estou só. Posso ser tudo isto sem precisar xingar, maltratar ou desfazer de qualquer ser humano, animal ou objeto que por mim passar. Descobrir a liberdade para a alma, esta tal transcendência, não foi tão fácil quanto imaginei, mas hoje, olhando para trás, vejo que foi a melhor e talvez a única forma de isto acontecer. Revendo não só minha vida, mas principalmente os acontecimentos dos últimos seis anos pelo menos, percebo que existe um caminho que leva qualquer ser humano à mesma transcendência, desde que este esteja disposto a melhorar como ser humano, buscando principalmente o resgate da sua essência e agindo de acordo com suas crenças possibilitadoras e valores morais.

Realizei um treinamento de alto impacto que me trouxe a realidade emocional, uma experiência realmente impactante. Após, realizei o curso de Programação Neurolinguística, me tornando uma practitioner em PNL, o que me fez entender tudo o que passei no alto impacto, sua importância, educação emocional e aprendizado concreto de uma realidade nem sempre tão real. Depois disto, fui

Cris Souza...

em busca das minhas conquistas, me tornando uma profissional de coaching, reconheci minhas habilidades e tracei metas que me fariam chegar onde cheguei realmente. Tracei meus planos de ação e conquistei tudo e muito mais o que acreditava merecer desta vida. Assim, descobri que minha missão era poder auxiliar a todos que necessitem ou queiram se desenvolver como ser humano, isto, através do mesmo processo ao qual passei.

Olhando para o caminho que trilhei, percebi diante tudo, qual ferramenta e etapa mais me fortaleceu e, principalmente como tudo aconteceu. Fiz uma ligação direta com a história da Fênix e seu renascimento, o que me levou a idealizar o Instituto Fênix Training, que hoje traz em seus valores, principalmente, o respeito à essência humana, união das famílias, honra e respeito à história de vida do ser humano e o amor incondicional ao próximo. O Instituto, hoje Fênix Training, foi pensado com carinho e a certeza de que todos que por ele passarem terão o máximo de atenção de nossa parte e da nossa equipe. Para que isto aconteça de forma relevante na vida deste ser que não precisa necessariamente estar com um problema semelhante ao que enfrentei, basta que ele queira melhorar como pessoa e esteja disposto a isto. Diante todo o meu desenvolvimento e muitas pesquisas desenvolvidas sobre a trajetória no caminho de outras pessoas com as quais tive o prazer de conviver nos salões de treinamentos ou fora destes, desenvolvi a "Estratégia da Fênix", uma fórmula "mágica" e ao mesmo tempo real e perfeitamente atingível.

A Estratégia da Fênix segue três passos bases para o atingimento da transcendência, são eles:

Cris Souza...

Experiência:

Existe uma frase de Chico Xavier que descreve perfeitamente esta fase onde diz que,

"...As pessoas esquecerão o que você falou, as pessoas esquecerão o que você fez, mas as pessoas jamais esquecerão o que você as fez sentir".

Neste sentido, a experiência pode ser lembrada, atual ou simplesmente imaginária, mas é preciso senti-la. Jamais alguém vai poder dizer a você de onde exatamente vem a energia da sua emoção, a não ser você mesmo, percebendo seu corpo e como este reage diante os fatos inesperados. Quando entramos em contato com as sensações que as experiências nos trazem, conseguimos sentir nossa emoção e saber exatamente o que desencadeia cada energia emocional, para sabermos como, o quê e quando utilizá-las a nosso favor. Seria esta então a etapa de vivências em alto impacto emocional, o que trabalhamos no treinamento Fênix Training de Desenvolvimento & Liderança.

Aprendizado:

Você terá aqui a fase de aprendizado através da programação neurolinguística, ensinamentos que fazem parte de um curso de formação de profissionais da terapia cognitiva comportamental. Apresentando pressupostos, alguns já sinalizados ao longo destas linhas, e outras técnicas que ampliam e levam ao conhecimento do programa mental do indivíduo para o atingimento da excelência humana. Nesta etapa tão importante, que o fará

Cris Souza...

entender a sua realidade, como lidar com ela e como transformá-la quando preciso, assim como auxiliar outras pessoas aprendendo a aplicação e auto aplicação das habilidades. Trabalhamos então com o curso de formação em Programação Neurolinguística | Practitioner em PNL.

Conquista:

Após a aprendizagem e realidade dos fatos, basta agora traçar metas e planos de ação para novas conquistas que levam o ser humano ao sucesso efetivo. Tais conquistas que poderiam levar muito tempo para se concretizarem, ganham o auxílio do processo de coaching, que potencializa recursos próprios, fazendo com que o indivíduo realize seus objetivos em um menor espaço de tempo do que realizaria anteriormente. Assim, a Fênix apresenta o curso de formação em Professional & Self Coaching.

Para quem prefere, cada etapa pode ser trabalhada individualmente através do trabalho de consultoria para a Excelência Humana e/ou cursos mais rápidos oferecidos ao longo do tempo. Hoje atuamos muito nas corporações, sendo que lá é feito um processo diferente junto ao PDG – Processo de desenvolvimento de Gestores, desenvolvido pelo meu esposo e sócio Fabiano Raupp, atuando com a mesma estratégia de experiência, aprendizado e conquista, porém muitas vezes com o intuito de atingir o objetivo da corporação agregando qualidade de vida ao seu quadro geral, colaboradores e ambiente profissional, cuidando da saúde da empresa e profissionais. A Estratégia da Fênix leva o ser humano direto à transcendência seguindo estes três passos já testados e aprovados, pela autora e indivíduos que frequentam a Fênix

162

Training, assim como demais conhecidos pesquisados que trazem relatos incríveis sobre este novo mundo que se apresenta após passarem pelos processos.

Aqui trago a minha homenagem aos participantes do primeiro grupo formado inteiramente na Estratégia da Fênix, os quais recebem o título de Master Fênix, recebendo seus diplomas pretos com letras douradas, significando e honrando a estratégia quando apresentado conforme abaixo:

1ª Turma de Master Fênix formada na Estratégia da Fênix concluindo a fase da conquista: Jussuélen Bordinhão, Jeferson Mattos, Rodrigo Andres, Kênia Gonçalves, Juliano Souza, Daiane Di Domenico, Paty Souza, Danusa Sulzbacher, Vladimir Malaguês, Kaká Cerutti, Cris Souza...

Cris Souza...

Turma de Formação em Programação Neurolinguística - Practitioner 04, concluindo a 2ª fase da Estratégia da Fênix, o Aprendizado.

Turma de Fênix Training registrando evento de experiência:

Cris Souza...

Vida

...

E é quando de repente você olha e percebe que algo está diferente, que sua vida faz todo o sentido do mundo e que você mesmo com dificuldades e alguns problemas sente que algo mudou, que você está livre para ser você mesma sem ter que dar explicações, sem pedir favor a ninguém, sem sentir culpa alguma de nada e sim grande satisfação em estar viva e se permitir ser simplesmente feliz por ser a pessoa que você é, e sentir orgulho disto, orgulho de você e de quem se tornou.

Essa é a grande felicidade que muitos procuram nos outros e não enxergam que só você pode se dar. Presente que vem embalado nos mais diversos pacotes que só você saberá embrulhar, enfeitar e principalmente desembrulhar.

Cris Souza...

Homenagem

...

Homenagem a dona Noemia Maria da Silva e seu legado...

Dona Noemia era umbandista, mãe de santo, filha de Ogum da Mata, trabalhava somente para o bem sem cobrar nada em troca. Era o ser de luz que iluminava o caminho dos demais através da sua religião.

Faleceu aos 82 anos lembrando de poucas coisas. Já com sua memória fraca, em seu último aniversário cantou todo o hino da umbanda de pé em frente ao bolo como parabéns!

Obs. Se você não é umbandista, entenda que esta é uma homenagem a uma pessoa que é eterna inspiração na minha jornada, leia o hino a seguir como fonte de sabedoria de uma crença que fez com que o caminho de muitos fosse agraciado com seu carinho e cuidado.

Cris Souza...

Cris Souza...

HINO DA UMBANDA

Refletiu a luz divina, com todo seu esplendor

Vem do reino de Oxalá, onde há paz e amor...

Luz que refletiu na terra, luz que refletiu no mar

Luz que veio de Aruanda, para tudo iluminar...

Umbanda é paz e amor, é um mundo cheio de luz

É a força que nos dá vida e a grandeza nos conduz...

Avante filhos de fé, como a nossa lei não há...

Levando ao mundo inteiro, a Bandeira de Oxalá !

GRATIDÃO!

Cris Souza...

Meu filho Jú!

Com você aprendi o verdadeiro amor.

Você é minha razão, emoção, minha força, minha fé, minha alegria!

Como pode um ser tão iluminado!

Me sinto iluminada em ter a honra de ser sua mãe, este menino que traz um olhar firme, forte, brilhante, ousado, meigo, dedicado, responsável e amoroso.

Sabe filho, não só este livro, mas minha salvação como ser humano dedico a você, presente de Deus, energia mais pura em forma humana, um verdadeiro ser de luz que veio para iluminar o meu caminho.

Te digo que até me pergunto se não é egoísmo, porque eu sou a mãe e eu devo lhe ensinar tudo, mas quem veio ensinar algo foi você.

Me ensinou responsabilidade, amor, afeto e principalmente garra.

Manteve-se forte e seguro durante todos os nossos inconvenientes, me passou segurança e a certeza de que cada etapa valia a pena, pois jamais em toda a minha vida desistirei de estar ao seu lado, porque você é minha grande inspiração.

Cris Souza...

Por você passaria tudo outra vez, mas tenho certeza de que nunca mais vamos nos separar, pois somos um só em dois corações.

Agradeço a Deus que me permitiu ser sua mãe e a ele prometo amar e cuidar de você hoje e sempre.

Te amo +...

Cris Souza...

Descobri que perdi alguns sonhos com ele, mas que a maior alegria é ver ele realizar os dele e nestes eu estou sempre junto, torcendo, incentivando e apoiando cada etapa.

Cris Souza...

Belo Presente

...

Hoje, após 5 anos da 1ª edição (escrevi em 2015 e lancei em 2016), posso seguir reafirmando todos os ensinamentos escritos aqui, assim como tenho orgulho de falar o quanto melhorou o relacionamento da nossa família como um todo, pais, irmãos, avós, tios e tias. A Fênix Training também segue firme e forte em seu propósito, mas algo de especial aconteceu e tenho que te contar.

Você está lendo a 2ª edição deste livro onde todos os demais capítulos são iguais, porém este, BELO PRESENTE, faz parte de mais uma homenagem à duas pessoas que entraram na nossa vida. Logo após finalizar este livro, ainda em fase de acertos administrativos para impressão, conheci uma pessoa que se tornou meu namorado, ganhando inclusive agradecimento no início (sim, consegui incluir isto antes da primeira impressão), porém ele foi se tornando cada dia mais especial e hoje se tornou meu esposo, 4 anos juntos.

E quando você acredita que tudo está perfeito e saindo como o planejado, vem a vida e te abraça com mais um belo presente. Fabiano Raupp, é muito mais que um esposo, ele é o cara que veio para somar amor, carinho, amizade, conquistas e família, ele mesmo fala que ganhou um filho de 13 anos, nosso Jú, quando se casou comigo ele também entendeu de forma muito natural que a vida estava lhe presenteando com um filho maravilhoso, que

172

Cris Souza...

muito mais que um filho de coração, aos poucos foram se descobrindo parecidos em muitas coisas, hoje podemos dizer que são tal pai, tal filho, pois são tantas as semelhanças que tenho certeza de ter sido mais um encontro de almas.

Isso tudo já era perfeito e então ganhamos outro belo presente, nossa pequena Sofia, nascida em setembro de 2019, ela veio linda e faceira alegrar ainda mais o nosso lar e encher o coração da família de amor e carinho. Sofia é uma bebezinha (hoje, março 2020 com 6 meses) linda, carinhosa e bem geniosa, já conseguimos ver sua personalidade nos dengos e brincadeiras que se desenvolvem muito rápido. Esperta e com muito brilho no olhar, ela está a cada dia encantando a todos e mostrando uma paixão e gratidão pela vida através dos seus pequenos gestos. Os manos são apaixonados um pelo outro e isso é fantástico!

Assim posso afirmar que quanto mais agradecemos ao universo, mais ele nos surpreende com grandes alegrias e realizações. Viver intensamente o hoje, me faz ser imensamente grata por cada segundo!

Família!

Eu amo muito vocês!

Cris Souza...

Cris Souza...

DEPOIMENTOS

...

Quem é a Cris?

por Paty Souza...

Lembro bem daquele rosto redondinho, bochechas rosadas, olhos muito azuis e cabelos lisos e loirinhos. Sou irmã, pouco mais velha que ela, a quem chamo de mana e pude acompanhar algumas transformações deste ser iluminado. Desde pequena ela foi muito guerreira, dedicada, amorosa e protetora.

Lembro perfeitamente do dia em que ela chamou para brigar um menino muito maior que nós duas, porque ele tinha me deixado triste. Ela sempre foi muito maior do que sua aparência. Cresceu cheia de sonhos, mas tinha uma visão deturpada sobre alguns assuntos, motivo de alguns conflitos em nosso núcleo familiar.

Como defendia energicamente suas ideias e não aceitava opiniões contrárias às suas, característica comum na família, em um determinado momento da vida houve uma grave ruptura nas relações.

Cris Souza...

Foram alguns anos que levaram a eternidade para passar. Hoje percebo que foi o tempo necessário para o amadurecimento de ideias e sentimentos. Em meio a todas as dificuldades desse período, um novo projeto de vida nasceu e passou a trazer incríveis resultados. O retorno ao convívio familiar devolveu a todos nós a felicidade há tempos adormecida.

O desenvolvimento emocional e profissional dela era tanto que passei a me interessar pela PNL, assunto até então desconhecido e que naquela hora se apresentava como base da transformação que estava ao meu redor. A mana me ajudou muito e segue orientando a cada novo passo.

Quando ela me falou do projeto Fênix eu me engajei totalmente. Tenho certeza do resultado de muito sucesso. Vejo que as realizações acontecem a todo o momento e isso é muito merecido. Conviver diariamente com ela significa mais luz, mais alegria, mais energia e inspiração.

Eu te amo!

Patrícia Soares de Souza

Diretora administradora do residencial Parada de Bombas na praia

de Bombinhas em Santa Catarina.

Decoradora projetista de formação e Master Fênix.

Cris Souza...

Amigos são irmãos que escolhemos!!

por Kênia Gonçalves...

Falar da Cris Souza...

Claro que posso falar, afinal lembro do exato momento em que parei em frente ao portão da casa dela e chamei a as novas vizinhas para brincar. O ano não me recordo, é como se a minha infância tivesse começado assim. Nasceu ali nossa grande amizade, enquanto as duas irmãs subiam em direção ao portão, uma loira e outra morena. A loira menorzinha era a mais tímida, quase não falava. O que falava por ela era o par de olhos muito azuis. Cada uma despertou em mim um sentimento diferente, além da amizade.

Com a Paty eu podia contar, contar minhas ideias, meus sonhos, inventar brincadeiras. Já a Cris me despertou cuidado, talvez por sem a mais nova, carinha de desprotegida. Crescemos e vivemos juntas os melhores momentos da infância e adolescência, cercadas de amigos e vizinhos próximos. Nossa rua é tranquila, segura, cercada por praças, e por ali nas calçadas e área das casas, pois a vizinhança toda nos conhecia e sempre foram gentis e acolhedores, brincávamos de tudo, de boneca, coreografias das músicas, jogos, patins bicicleta, dormir na casa da amiga, tudo que se pode imaginar numa infância feliz.

Cris Souza...

Depois, mais tarde, aproveitávamos o espaço para conversar, cantar ao som do violão, se desentender, combinar passeios, assistir a muitos filmes de terror na casa dos amigos, organizar jantares, banhos de piscina, namorar e rir muito como adolescentes que éramos. E assim foi até iniciarmos a fase de jovens adultas, onde o envolvimento com os estudos e a profissão futura já não nos permitia tanto tempo de lazer. Vieram as festas, os namorados, os casamentos, as formaturas, os filhos... E como era de se esperar, fomos nos afastando. Enquanto morei com meus pais, naquela rua, estive perto da Cris, não como gostaria porque as responsabilidades da vida adulta não permitiam.

Do nosso grupo de amigos ela foi a segunda a ser mãe, e acompanhar o crescimento do Juliano, mesmo que às vezes de longe, foi muito prazeroso. Eu saí da casa dos meus pais, tive meus filhos e só os encontrava nos chás de bebê, nos aniversários das crianças e nos finais de semana que os visitava. Sempre que a Cris passava de carro ali em frente parávamos um pouquinho para matar a saudade e contar as novidades. E foi num encontro assim que ela me disse que não estava mais dando certo morar com a família dela, que a relação estava complicada e que ela queria criar o filho dela sozinha.

A família da Cris foi quase tão importante quanto a minha durante a nossa infância e adolescência. Ali reforcei positivamente a maioria dos valores trazidos de casa. E o pai delas é uma figura ímpar, acolhedor e amigo, fazia questão de deixar as brincadeiras mais divertidas, dava as melhores ideias num dia de tédio, liberava a garagem para os nossos bailinhos, ajudava no que fosse preciso para nos ver feliz. Por duas vezes me senti a menina mais feliz do mundo por iniciativa dele. Quem mais se responsabilizaria por um bando de

179

pré-adolescentes acampando num final de semana num sítio?? Ou então da vez que organizou o passeio de bicicleta no Parque Marinha? E até hoje, por este motivo tão especial, é o meu parque favorito na cidade!!

Entendi aquilo tudo que ela me falava como um desconforto. Uma reclamação normal de uma filha que ainda morava com os pais, não naquela família, nunca pensei que era muito mais que eu podia imaginar. A situação se agravou muito, nossos encontros já me deixavam tensa pois sabia que tinha o Juliano no meio de toda a situação. É muito difícil explicar, mas sempre me senti no fogo cruzado, e daquela história tão triste eu podia ver razão dos dois lados.

Um dia ela me contou chorando que não morava mais lá, que tinha sido acolhida na casa de uma colega na zona norte, que estava com uns problemas de saúde e que sofria muito, pois não tinha o Juliano com ela. Com isso já não havia mais contato entre nós. Estar na casa dos meus pais era a maior possibilidade de um encontro casual quando ela descia a rua depois de um encontro com o filho ou na tentativa deste encontro. Lembro, infelizmente, das duas piores vezes que a encontrei. A primeira na Borges de Medeiros, bem no centro de Porto Alegre, visivelmente cansada, abatida e com o Juliano pela mão. Entramos em uma cafeteria ali perto, ela não quis comer nada e enquanto conversávamos o Juliano comeu uma bolacha trakinas e tomou coca cola... Foi um desabafo difícil, sem nenhum sinal nem possibilidade de melhora.

A segunda vez foi quando nos encontramos depois da tentativa de ver o Juliano. Nunca na minha vida tinha visto a Cris naquele estado, destruída, desorientada. Tentei acalmá-la de muitas formas, sugeri outras estratégias para aquele encontro com o Juliano, mas nada adiantou... A distância permanecia, só conseguia alguma notícia quando encontrava com a Paty, que ela me contava como tudo prosseguia. Muito tempo depois, percebi que ela voltou a usar as redes sociais, vi que estava morando em um lugar só dela e que o Juliano frequentava. Neste dia respirei aliviada e pensei que talvez as coisas nunca mais fossem como antes, mas ao menos elas tinham tomado um rumo. Minha amiga estava com o filho, num lugar seguro, e aparentemente tranquila. Depois numa outra ocasião, conversando com a Paty, pedi notícias da Cris e, desta vez ela me falou que há pouco tempo ela tinha procurado a família, conversou com os pais para resolver tudo e todos estavam tentando ter uma boa relação novamente.

Quando encontrei a Cris pessoalmente, e essa é uma outra lembrança muito forte na minha memória, estávamos na nossa rua, em frente à casa dos meus pais. Ela me chamou para conversarmos e me contar como tinham sido estes últimos tempos. Notei na hora que ela estava bem, a senti transformada, os brilhos dos olhos já tinham voltado, assim como o sorriso no rosto e a voz tranquila ... Confiante outra vez, e super empolgada me contando seus novos desafios e projetos. Me convidou para participar de um treinamento de alto impacto, dizendo que faria uma grande diferença na minha vida pessoal e profissional, que aquelas dificuldades que eu tinha com o tempo terminariam, que eu viveria melhor. E naquele momento, em diálogo interno, só conseguia pensar que "treinamento de alto impacto" era a vida que eu levava tentando conciliar casa, marido, três filhos pequenos e dois empregos distantes e diferentes...

Cris Souza...

Ela insistiu um pouco, mas relutante disse que seria muito difícil, mas ia pensar. Confesso que naquele dia fui para a casa muito curiosa, pois diante de mim estava um dos maiores exemplo de superação que eu presenciei na minha vida. Eu queria saber que fórmula mágica era essa, capaz de tamanha mudança. Enfim aceitei o convite, me inscrevi de última hora nessa aventura e realmente pude comprovar o quanto magnífico foi. Tive muitos aprendizados, mudei a minha forma de encarar a vida, dando a devida importância para as situações certas. Tantas mudanças que logo as pessoas mais próximas começaram a notar, e me perguntar o que tinha acontecido, e com muito prazer que agora faço questão de mostrar este caminho a cada uma delas...

Hoje com muito orgulho faço parte da equipe do Instituto Fênix Training, instituto idealizado por esta minha jovem amiga, resiliente, corajosa, persistente, que sempre foi muito mais que amiga, uma verdadeira irmã. Que transformou todos os desafios do seu caminho em aprendizado, cuidado e desenvolvimento pessoal e profissional, além disso tem como missão espalhar este conhecimento onde quer que vá. Eu confiei e estou nessa também...

Feliz daquele que cruza o nosso caminho e se permite!!

#EuSouFÊNIX

Cris Souza...

Kênia M.Gonçalves

Educadora Física e Coach - Formada pela Fênix Training

Master Fênix!

Cris Souza...

Algo bom no mundo!

por Jussuélen Bordinhão...

Algumas vezes na vida encontramos pessoas que realmente fazem a diferença. Alguém que muda nossa vida simplesmente pelo fato de estar presente nela. Alguém que nos faz acreditar que realmente tem algo bom no mundo. Que tudo pode mudar, basta encontrar o ponto que está dentro de você.

Que quando você está "para baixo" ou triste, apenas o seu silêncio, o seu olhar e o seu respeito já são uma motivação para seguirmos em frente. Que sabe as palavras certas e a hora certa de serem ditas. Certamente a Cris é uma delas em minha vida, conheci a Cris através da Fênix, onde fiz o treinamento em outubro de 2014. A partir desta data não parei de frequentar os eventos do Instituto e nos tornamos amigas, parceiras e equipe.

Tenho muita admiração por ela, pela sua história, pelas suas vivências e sua sabedoria.

É uma mulher de garra, batalhadora, persistente, uma legítima Fênix.

Cris, te agradeço pela oportunidade, pela confiança, pelo aprendizado e te desejo todo o sucesso do mundo.

Cris Souza...

Jussuélen Bordinhão

Gerente Administrativo Financeiro na Clínica Pró Rithmo

Master Fênix.

Cris Souza...

Fazendo a diferença!

por Edison Lima...

Existem pessoas que nos marcam para sempre. Cris Souza é uma delas. À primeira vista parece uma pessoa frágil e delicada, mas, quando nos aproximamos, se descobre rapidamente uma das pessoas mais fortes que conheço. Não conseguimos imaginar que por trás daquele rosto bonito exista tanta inteligência, capacidade, competência, fibra e determinação.

Aqui está Cris Souza, publicando um relato forte, sensível e muitas vezes duro de sua vida tão jovem, num ritmo quase alucinante que não nos deixa despregar da leitura. No entanto, não se iludam, esse é o início de uma série de publicações que irá atingir a todos, uma vez que Cris, depois desse livro, vai com certeza colocar no papel toda sua experiência e vivência de treinadora comportamental e Coach que tem feito tanto sucesso no Sul e que logo se espalhará pelo Brasil.

Sejam bem-vindos, desfrutem da história de Cris e acompanhem a sua trajetória que vem por aí. Muitas pessoas serão beneficiadas e se sentirão fortalecidas na sua autoestima e ânimo para a vida. Em paralelo, o ambiente Coach e comportamental desse país está ganhando Cris Souza e isso fará toda diferença.

Acreditem!

Cris Souza...

Edison Lima

Secure Transactions Regional Sales Director - LATAM na
empresa NewNet Communication Technologies

Cris Souza...

Coração gigante!

por Fernanda Nunes...

Cris, amiga que conheci nos tempos áureos do início da adolescência, minha colega do colégio de aplicação da UFRGS, minha amiga de tantos anos e tantos momentos únicos. Passamos por muitas coisas juntas, desde trabalhinhos de colégio, super festas de final de semana, trabalhos juntas e por momentos que nunca imaginávamos passar.

É uma amiga verdadeira, amiga de uma vida, que me faz tão bem e sei que tem um coração gigante a ponto de ajudar a todos que rodeiam ela. Me sinto muito feliz por ter recebido esta amizade nesta   vida!

Com carinho

Cris Souza...

Fernanda Nunes Assunção

Advogada, professora e autora especializada no âmbito trabalhista
e previdenciário

Cris Souza...

EU AGRADEÇO!

Cris Souza...

www.ingramcontent.com/pod-product-compliance
Lightning Source LLC
LaVergne TN
LVHW020054210726

843507LV00016B/2269